KB068450

인정 욕구 버리기

타인의 시선으로부터 자유로워지는 법

인정 욕구 버리기

모로토미 요시히코 지음 | 최화연 옮김

알에이치코리아

남의 눈을 의식하며
살고 있나요?

저도 당신과 다르지 않았습니다

예전에는 늘 '다른 사람이 나를 어떻게 볼까' 신경 쓰며 살았습니다. 남들의 시선과 분위기에 민감해서 '호감을 얻고 싶다', '분위기를 깨면 안 된다'라고 생각했습니다. 다른 사람들에게 제가 이상한 사람으로 보이지 않기를 바랐습니다. 주변의 눈치를 살피며 언제나 불안 속에서 살았습니다.

요즘 유행하는 표현을 빌리자면 HSP highly sensitive person, 이른바 '매우 섬세한 사람'이던 저는 외부의 평가나 상황의 분위기에 극도로 예민했습니다. 분위기를 부드럽게 만들려고 넉살을 떨다가도 혼자가 되는 순간 피곤이 몰려왔습니다. 매일 이런 나날이 반복됐습니다.

저는 그런 제가 질리도록 싫었습니다. 달라지고 싶었습니다. 그래서 변화를 위해 맹렬한 트레이닝을 시작했습니다.

이 책에서 소개할 '9단계 자기 성장 프로그램'을 꾸준히 실천했습니다. 그러자 모든 것이 완전히 달라졌습니다. 이제껏 알지 못했던 전혀 다른 인생이 제 앞에 펼쳐졌습니다.

저는 심리전문가입니다. 35년간 많은 사람을 만나 왔고 대학에서 가르친 학생들까지 포함하면 수만 명의 이야기를 들었습니다.

이 책은 예전의 저처럼 남의 눈을 신경 쓰며 힘들어하는 사람을 위해 쓰였습니다. 특히 다음 항목들이 자신의 얘기처럼 느껴지는 분에게는 이 책이 의미 있는 전환점이 될 수 있으리라 생각합니다.

◇ 늘 남의 평가, 상황의 분위기를 신경 쓰느라 피곤하다.

◇ 다른 사람에게 미움을 받거나 무리에서 겉돌게 될까 봐 두렵다.

◇ 혼자 있을 때 피곤이 한꺼번에 몰려온다.

◇ '나는 매우 섬세한 사람, 즉 HSP가 아닐까' 생각해 본 적이 있다.

◇ '미움받고 싶지 않다'라는 생각 때문에 늘 긴장한다.

◇ 인정받고 싶다는 마음이 너무 커서 상사나 친구의 안색을 지나치게 의식한다.

◇ 다른 사람과 커뮤니케이션할 때 상대방이 우월감을 드러내는 것에 매우 민감하다.

◇ 친구나 연인과 있을 때도 누가 관계에서 더 우위에 있는지 의식한다.

◇ 대화를 마무리할 때 누가 주도권을 쥐고 이야기를 끝내는지가 신경 쓰인다.

이런 경향은 인정 욕구에 사로잡혀 있다는 증거입니다. 인정 욕구에 대한 집착은 자신의 인생이 아니라 남을 위한 인생을 살게 합니다.

자기 인생의 주인공이 되지 못하게 하는 방해물, 그 정체가 바로 인정 욕구입니다. 이 책은 인정 욕구를 버리고 진정한 나의 인생을 되찾도록 도와줍니다.

（차례）

4_ **프롤로그** 남의 눈을 의식하며 살고 있나요?

제1장
오직 두 갈래의 인생길

16_ 헛된 환상에 휘둘리는 삶, 깨어 있는 삶
20_ 당신이 모르는 세계
26_ 남이 주인공인 인생을 사는 사람
29_ '배제를 두려워하지 않는 사람' 되기

제2장
인정 욕구의 정체 파악하기

38_ SNS 세대에서 강하게 나타나는 인정 욕구
42_ 인간에게 인정 욕구가 있는 이유
46_ 나와 인정 욕구

55_ 인정 욕구가 강한 사람이 빠지는 덫

61_ 모든 이와 거리 두기, 일부러 상처 주고 상처받기

63_ 인정 욕구와 HSP

70_ 자신의 중심축을 견고하게 다지는 방법

75_ 현대인의 두 가지 마음 구멍

78_ '수동적 요구자'에서 탈피하기

80_ 심리학으로 세상이 달라진다

제3장

인정 욕구에 휘둘리는 사람들

88_ SNS 유형

91_ 우월감·열등감 유형

96_ 상처 회피 유형

100_ 대인 불안 유형

104_ 소외 유형

107_ 조직에서 보상받지 못하는 유형

112_ 부모 눈치를 보는 유형

118_ 자아실현 유형

123_ 자기 부정 유형

129_ 사랑하고 사랑받는 데 서툰 유형

133_ 피해자 역할 유형

제4장

왜 누군가를 사랑할 수 없는가

146_ 왜 사랑할 수 없을까

151_ 사랑하지만 사랑받는 게 무섭다

157_ 사랑의 본질에 대한 고찰

162_ 남성의 사랑과 여성의 사랑

168_ 두려움이라는 감정을 극복하는 말

171_ 이성에게 관심 없는 사람, 관심이 너무 많아서 탈인 사람

174_ 결혼한 커플들의 커뮤니케이션 트레이닝

176_ 진심을 전하는 연습

178_ 이혼, 정말 하고 싶습니까?

181_ 사랑인지 집착인지 모르겠다면

184_ **칼럼** 인정 욕구가 강한 청소년에게

제5장

인정 욕구를 내려놓는
9단계 자기 성장 프로그램

189_ **제1단계** 내 안의 공허함 마주하기

192_ **제2단계** 선택하기

194_ **제3단계** 내 안의 그릇된 믿음을 깨닫는다

196_ **제4단계** 자신의 비합리적 신념을 논파한다

199_ **제5단계** 1만 회 트레이닝으로 자신을 역세뇌한다

204_ **제6단계** 마음의 빈 곳을 인식한다

207_ **제7단계** 내부 감각을 따르기

211_ **제8단계** 사명과 천명을 깨닫는다

213_ **제9단계** 다른 방식으로 세상과 연결하기

제6장

프라이드 제로, 자기 긍정 100퍼센트의 삶

218_ 진정한 기쁨이 넘치는 인생으로

220_ 프라이드 제로, 자기 긍정 100퍼센트로 살아가기

223_ 얕은 자기 긍정에서 깊은 자기 긍정으로

228_ 서로를 이해하지 못하므로

230_ 고차원의 동기를 가진 사람과
   저차원 동기를 가진 사람의 마음 중력

232_ 인생의 좁은 길에서 내려오다

235_ 철저한 자기 수행이 인간을 만든다

243_ 인생을 다채롭게 만드는 방법

245_ **나가는 말** 타인의 시선에 얽매여 있던 당신에게

자기 자신을 괴롭히는 사람

◆ 완벽주의 성향이 있다.

◆ 타인의 시선, 상황의 분위기를 살피느라 바쁘다.

◆ 남과 비교하며 늘 우열을 가리려고 한다.

◆ 자신이 '너무 섬세한 사람'이라고 생각한 적이 있다.

◆ 주변 사람들이 자신을 어떻게 평가할지 신경 쓰인다. 주변의 평가에 따라 자신이 무가치한 사람처럼 느껴지기도 한다.

◆ 늘 분위기를 부드럽게 만들려고 애쓴다. 그 반동으로 혼자 있을 때 피로가 몰려온다.

그런 나를 단련하는 트레이닝

제5장에서는 인정 욕구를 내려놓는
9단계 자기 성장 프로그램을 제시합니다.
이 프로그램을 시작하면 다음과 같은 변화가 나타납니다.

◆ '남들이 어떻게 생각할지', '주변의 분위기'를 신경 쓰느라
지치는 일이 사라진다.

◆ 타인과 자신을 비교하지 않게 된다.

◆ 인간관계에서 우열을 따지지 않게 된다.

◆ 남들의 시선을 개의치 않게 된다.

◆ 외부의 평가에 흔들리지 않는 '절대적 가치'가 자기 내부에
있다는 확고한 믿음이 생긴다(조건 없는 '자기 긍정감').

◆ 마음이 편안해지고 일상이 평화로워진다.

◆ 자기 자신의 진짜 인생, 자기가 인생에서 이루어야 할 사명
과 천명을 향해 거침없이 나아가게 된다.

자신을, 인생을 바꾸고 싶다면
다음 페이지를 펼쳐 주세요.

학교나 직장에서 좋은 평가를 받고

주변 사람에게 "잘한다", "대단하다"라는 말을 듣는 인생이

좋은 인생이라고 생각한다면

당신은 지금 인정 욕구라는 굴레 속에서

살고 있는지도 모릅니다.

제1장

오직 두 갈래의
인생길

어느 인생을 살지는 자신이 선택하는 것

헛된 환상에 휘둘리는 삶,
깨어 있는 삶

심리학에서 인정 욕구는 꽤 오래전부터 존재한 개념입니다. 그런데 이런 인정 욕구가 새삼 주목을 모으기 시작한 것은 트위터 같은 SNS 사용의 보편화와 관련이 있습니다. 많은 사람이 '좋아요'나 팔로워 수를 신경 쓰고 '인스타용 사진'을 찍는 데 여념이 없습니다. 인정에 대한 갈망이 SNS에서 고스란히 수치화, 시각화되면서 우리는 우리가 평소 얼마나 인정 욕구에 지배받는지 의식하기 시작했습니다.

이런 현상이 널리 퍼질수록 인정 욕구에 휘둘리며 괴로워하는 사람이 늘어났습니다. 이들은 '너무 지나친 게 아닐까', '버겁다'라고 느끼면서 인정 욕구에 대해 의문을 품기 시작했습니다.

'인정'이란 매우 모호한 환상입니다. 자신은 본인의 의지로 타인의 인정을 원하는 것이라고 생각하지만 실제로는 인정이라는 환상에 조종당하고 있습니다. 흔히 직장과 학교에서 좋은 평가를 받고 사회에서 높은 자리에 올라 훌륭하다고 인정받는 인생이 바로 좋은 인생이라 생각합니다.

그러나 그것은 환상일 뿐입니다. 이런 환상에 빠져 있는 한 당신 그리고 당신의 인생은 공허할 수밖에 없습니다. 그런 삶은 그저 빈 껍데기에 불과합니다. 당신은 지금 타인과 사회로부터 인정받는 인생이 좋은 인생이라는 꿈을 꾸고 있습니다. 그 꿈에서 깨어나면 지금까지와는 전혀 다른 세계, 180도 다른 인생이 펼쳐집니다.

오직 두 종류의 인생

　당신은 인정이라는 환상에 조종당하는 인생을 살고 싶습니까? 아니면 이 책에서 소개하는 9단계 프로그램을 통해 환상에서 깨어나 오롯이 자신만의 인생을 살고 싶습니까? 저는 후자입니다. 꿈에서 깨어나 저의 인생을 만들어 가고 싶습니다. 인생은 딱 한 번뿐이니까요. 한 번뿐인 인생을 인정이라는 환상에 조종당하며 휘둘리고 싶지는 않습니다.

　A. 부질없는 환상에 휘둘려 살아가는가.
　B. 꿈에서 깨어나 진정한 자신의 인생을 누리는가.

　인생은 이 두 종류밖에 없습니다. 인정 욕구에서 벗어나 자유롭게 '타인의 인정 따위 관심 없다. 남이 어떻게 보든 상관없다' 하고 진정한 자신의 인생, 참된 기쁨이 넘치는 인생을 살고 싶은가요? 아니면 인정이라는 환상 속에서 허우적대며 텅 빈 인생을 살고 싶은가요? 이 책을 펼친 당신은 선택의 갈림길에 있습니다.

만약 꿈에서 깨려는 노력 없이 지금처럼 환상을 보며 잠들어 있기를 바란다면 그런 자신의 선택을 따르면 됩니다. 타인과 사회의 인정을 바라며 늘 눈치 보고 불안에 떠는 삶도 그런대로 괜찮을지 모릅니다. 남보다 나은지 또는 못한지 끊임없이 재면서 마음 졸이는 삶도 그런대로 괜찮을지 모릅니다. 그래도 괜찮다고, 지금 상태에 만족하는 사람은 평생 꿈을 꾸는 채 살아가도 됩니다. 하지만 환상에 휘둘려 허우적대기만 하다가 소중한 인생을 허비할 수도 있겠지요.

자신의 진정한 인생을 놓치고 싶지 않다면, 9단계 프로그램에 따라 근사한 인생을 만들어 보고 싶다면 주목해 주시기 바랍니다. 자신의 한 번뿐인 인생을 바꿔 보고 싶다면 이 책을 꼭 읽어 주시기 바랍니다.

당신이 모르는 세계

많은 사람이 지금 자신의 인생과는 전혀 다른 인생이 있다는 사실을 알지 못합니다. 자신이 있는 세계가 단 하나의 평범한 세상이며 다들 자신과 같은 세계에서 살아간다고 착각합니다. 세상 사람 모두가 자기처럼 '남과 자신을 비교하고, 남의 눈을 신경 쓰고, 우월감을 추구한다'라고 생각하면서 진실을 깨닫지 못합니다. 오직 자신이 사는 세계가 유일하며 그런 인생이 평범하다고 믿습니다.

그 세계에서 인정받을 수 있는 조건에 얽매여 잔뜩 겁먹은 채 인생을 살아갑니다. 인정의 조건에서 벗어날까 봐 늘 긴장한 채로 말이죠. '인정받지 못하면 어쩌나', '세상의 주류에서 벗어나면 어쩌나' 두려워하면서 타인과의 관계에서 늘 우열을 나눕니다. '다른 사람에게 무시당하면 어쩌나' 전전긍긍하며 타인과 자신을 비교합니다. '주변에서 자신을 어떻게 볼까'라는 걱정이 늘 가슴을 짓누릅니다.

인정의 굴레 속에서 살고 있지 않나요?

인정 욕구가 강한 사람은 상처받는 것, 부정당하는 것, 보답받지 못하는 것에 민감합니다. 사소한 실패에도 '어차피 나는 안 돼'라고 부정적으로 단정을 짓습니다. 상대방은 지적하려는 의도가 없는데도 자신의 해석대로 받아들이기 일쑤입니다. 상처받기 쉬운 자기 자신을 그런 식으로 지키려 합니다. 남들이 자신의 노고를 알아채 주지 않는 것에 민감합니다. "열심히 했네", "고마워"라는 말을 듣지 못하면 '왜 나에게 더 고마워하지 않는 거야' 라고 생각합니다. 자존심이 무척 강합니다. 남과 자신을 끊임없이 비교합니다. 상대와 스스로를 비교해 우열을 가리는 데 매우 민감합니다. 타인의 인정, 그리고 자신의 인정(자존심)에 얽매여 있습니다.

늘 타인과 자신에게 받는 인정에 휘둘리며 인정의 굴레 속에서 살아가는 사람은 내면이 텅 비어 있습니다. 그래서 때때로 공허함이 밀려오지만, 정신없이 인정을 좇는 중에는 그 공허함을 알아채지 못합니다. 인정이라는 굴레는 사람의 마음을 텅 비게 하고 공허를 안 보이게 덮어 버립니다.

인정의 굴레 속에서 살아가는 사람, 인정이 삶의 중심인 세계에서 살아가는 사람에게는 그런 세계가 현실이며, 인정만이 인생의 중심축입니다.

반면 인정이라는 속박에서 벗어난 사람의 눈에 그곳은 참으로 덧없는 세상입니다. 남들에게 인정을 받든 받지 않든 그런 건 중요치 않습니다. 굳은 신념으로 자신의 사명을 향해 갈 뿐입니다. 인생의 기쁨을 기쁨으로 느끼며 살아가는, 순수한 기쁨이 넘쳐흐르는 세계가 분명히 있습니다. 인정 욕구는 이런 세계를 보지 못하게 우리의 눈을 가립니다.

겁내면서 살아가는 사람, 행복을 손에 쥔 사람

세상 사람 대다수, 80퍼센트는 인정 욕구로 살아갑니다. 이런 사람은 늘 두려움을 안고 삽니다. '타인 눈에 비친 나'로 살아가면서 세상 사람이 보는 자기 모습을 빛내려고 애씁니다. 설령 그렇게 보이는 데 성공하더라도 '언젠가 세상에서 외면당하지 않을까', '버림받으면 어쩌나'라는 불안이 떠나지 않습니다. 세상의 잣대와 주변의 평가를 삶의 척도로 삼습니다.

나머지 20퍼센트의 사람은 자신의 불안정함, 연약함, 허무함을 인정하고 인정 욕구와 결별하려고 합니다. 타인과 나를 비교하는 것이 얼마나 어리석은 일인지, 세상과 타인의 시선만 살피는 것이 얼마나 부질없는 일인지 깨닫고 그런 자신에게 이별을 고합니다. 자신을 단련하며 세상 사람의 눈, 인정이라는 꿈에서 깨어나려고 노력합니다. 이는 다음 세 가지 깨달음을 의미합니다.

① 인정 조건(주변의 인정을 받을 수 있어야 자신에게 가치가 있다는 믿음)으로 살아가는 인생은 부질없다.
② 타인과 자신을 비교하는 일은 부질없다.
③ 끊임없이 주변의 시선만 신경 쓰는 삶은 부질없다.

타인의 눈에 비친 내 모습을 빛내는 데 연연하면 타인과 자신을 끊임없이 비교할 수밖에 없습니다. '남들이 보는 나'라는 한 가지 기준밖에 없는 텅 빈 존재이기 때문입니다. 20퍼센트의 사람은 이런 사실을 깨닫고 다르게 살아갑니다. 인정이라는 꿈에서 깨어나 그 허상으로부터 멀어져 자신의 진짜 인생을 마음껏 살아가는 사람, 진정으로 행복한 나날을 맛보면서 살아가는 사람들이 있습니다.

끊임없이 불안에 흔들리는 사람과 인생의 즐거움을 만끽하며 행복을 누리는 사람이 있습니다. 80퍼센트가 선택한 인생과 20퍼센트가 선택한 인생이 있습니다. 아무도 알려 주지 않았던 인생의 진실입니다. 지금까지 아무도 이런 인생의 진실을 알려 주지 않았습니다. '삶에서 가장 중요한 이 진실을 누군가 조금 더 일찍 내게 알려 줬으면 좋았을 텐데'라는 아쉬움이 있습니다.

당신은 선택받은 사람일지도 모릅니다. 이 책을 펼쳤으니까요. 인생을 바꾸고자 마음먹고 이 책을 집어 들었을 테니까요. 인생이 달라지기 시작하면 '지금껏 왜 그토록 부질없는 것에 매여 있었나' 깨닫게 될 테지요. 새롭게 펼쳐지는 세상에 깜짝 놀라고 지난날들이 너무 아깝다고, 되돌리고 싶다고 생각할 것입니다. 지금이 기회입니다. 지금까지의 나에게 이별을 고하고 새로운 나를 반길 때입니다.

남이 주인공인
인생을 사는 사람

상담하다 보면 인생은 두 종류밖에 없다는 사실을 깊이 실감합니다. 오직 두 부류의 인간만 있을 뿐이라고 표현해도 좋겠습니다. 한쪽은 '주변에서 자신을 어떻게 볼까', '미움받고 싶지 않다'라며 남의 눈에 비친 자신을 걱정하면서 남이 주인공인 인생을 살아가는 사람입니다.

자신은 자기다운 삶을 산다고 생각하지만 사회의 기존 패턴(느끼고 생각하고 판단하는 방식의 패턴들) 안에 갇혀서 살아가는 자동기계 같은 사람입니다. 자신도 모르는 사이에 타인의 생각을 모방하는 삶을 살아갑니다.

학창 시절 각인된 두려움

그런 사람은 사회에서 손가락질당하지 않는 것, 사회의 주류에서 낙오되지 않는 것을 무엇보다 중시하며 살아갑니다. 무난한 삶의 방식, 안전 지향의 삶의 방식입니다. 이 배경에는 대다수와 똑같은 방식으로 살아가고, 판단하고, 생각하고, 느낀다는 안도감이 있습니다.

하지만 동시에 남에게 미움받으면 어쩌나, 나를 이상하게 보지 않을까, 사회의 주류에서 벗어나면 어쩌나, 하는 불안이 있습니다. 학창 시절부터 '주류에서 벗어나면 성가신 일이 생긴다', '자칫하면 괴롭힘을 당한다'라고 각인되었기 때문입니다. 남들에게 좀 이상한 애로 보이거나 주류에서 벗어나면 얼마나 힘든 일을 겪는지 교복을 입을 때부터 몸으로 배웁니다.

그 무렵부터 그런 삶의 방식을 익힌 사람은 주류를 벗

어나지 않습니다. 그리고 주류에서 벗어난 사람을 공격합니다. 코로나19로 다양한 활동 제한이 생겼을 때, 방역 수칙을 따르지 않는 사람과 업소를 찾아다니며 횡포를 휘둘렀던 '자숙 경찰'◆이 그러한 예입니다.

자숙 경찰 사례처럼 사람들은 관용을 베풀지 않고 타인에게 획일적 기준을 강요할 때가 있습니다. 좁고 한정적인 '인정이라는 꿈' 속에서 하나의 기준을 지극히 당연한 일로 여기며 살아가기 때문입니다.

◆ 코로나19로 일본에서 긴급사태가 발령된 후 방역수칙을 위반하는 사람을 향해 경고와 위협 등 사적 제재를 가한 민간 자경단을 말한다 – 편집자 주

'배제를 두려워하지
않는 사람' 되기

예부터 일본에는 마을 규율에서 벗어난 자를 집단으로 따돌리는 '무라하치부村八分'가 존재했을 만큼 세간의 이목을 신경 쓰는 문화가 있었습니다. 인정 욕구가 매우 강한 사회였습니다. 인정 욕구가 강한 사회나 집단의 이면에는 따돌림이라는 어둠이 있습니다. 따돌림은 '배제 논리'입니다. 인정 욕구에 얽매인 삶이란 배제 논리에 떨면서 살아가는 것을 의미합니다.

남에게 배제당하는 삶을 원하는 사람은 없습니다. 지

극히 당연한 일입니다. 그러나 정도의 차이가 있습니다. 배제 논리를 겁내는 사람과 개의치 않는 사람이 있습니다. '나는 나'라고 자신을 확립한 사람은 배제되는 일이 두렵지 않습니다.

이런 사람들은 배제하는 사람이 오히려 이상하다고 생각합니다. 배제를 당해도 꿈쩍하지 않습니다. 절대적 안심과 안정의 경지에 도달했기 때문입니다. 타인에게 배제당해도 상관없다고 생각하기에 겁먹지 않습니다.

문제는 마음의 위치

여기서 분명히 짚고 넘어가야 할 부분이 있습니다. 출세했기 때문에, 잘났기 때문에 배제를 두려워하지 않는 것이 아닙니다. 사회적 위치와는 관계가 없습니다. 중요한 것은 '마음의 위치'입니다. 자기 마음 안에 절대적 행복이라는 가치가 자리 잡아야 절대적 안심이 있는 인생을 살 수 있습니다.

어떤 것에도 좌우되지 않으며 조건이 없는 부동의 자기 가치. 자신의 모습 그대로, 있는 그대로를 긍정하는 감각. 그런 마음 자세를 손에 넣은 사람은 타인으로부터 배제되어도 두렵지 않습니다. 해볼 테면 해보라지라는 자세가 갖춰져 있습니다. 마음의 위치가 다르기에 세상이 완전히 다르게 보입니다. 남의 눈이나 타인과의 비교를 마음의 버팀목으로 삼는 것과 자기 마음을 버팀목으로 삼는 것에는 커다란 차이가 있습니다.

'남들에게 반드시 인정받아야 한다', '타인보다 내가 더 우월해야 한다', '타인 눈에 어떻게 비칠지 걱정된다'라는 생각은 모두 같은 마음의 위치에서 비롯됩니다. 타인의 시선과 관계의 우열이 삶의 중심인 마음의 위치. 늘 '세상 사람 눈에 자신이 어떻게 보일지' 신경 쓰는 삶은 타인의 눈을 통해 자신을 보는 마음의 위치에서 비롯됩니다. 이런 마음의 위치에서만 인생과 세상을 바라보기에 다른 세상이 보이지 않는 것입니다.

자신을 바꿀 각오가 되어 있는가

마음의 위치는 바꿀 수 있습니다. 9단계 프로그램을 거치면 지금의 마음 위치에서 벗어날 수 있습니다. 전혀 다른 위치에서 세상을 바라보면 비로소 그간 얼마나 끔찍한 사고방식으로 자신을 옭아맸는지 깨닫고는 놀랄 테지요.

다만, 진정으로 자신을 바꾸겠다는 비장한 각오가 필요합니다. 현실 사회에서는 타인에게 인정받아야만 정신적 우위에 있을 수 있는 것이 아닙니다. '어떤 마음의 위치에서 세상을 바라보느냐'가 더 중요합니다. 핵심을 착각해서는 안 됩니다. 수만 명의 팔로워도, '좋아요'도 필요 없습니다. 세상 사람에게 대단하다고 칭찬받을 필요도 없습니다. 출세할 필요도, 우월감을 드러낼 필요도 없습니다. 엄청난 돈을 벌어야 할 필요도 없습니다.

마음 위치만 바꾸면 전혀 다른 자신을 얻을 수 있습니다. 이 책을 만난 당신이 진정한 의미로 행복한 인생을 살기를 바랍니다. 인정받지 못할까 봐 전전긍긍하고 타인과 자신을 끝없이 비교하면서 남의 시선을 겁내던 인생과 이제는 헤어지기를 바랍니다. 이 책에는 저의 이런 바람을 담았습니다.

사실 저도 겁내며 살았습니다

별다른 노력 없이도 다른 이의 비판이나 시선에 개의치 않는 타고난 강자도 물론 있습니다. 그들은 자기 내부에 확고한 자신을 세워 두고 타인에게 휘둘리지 않습니다. 한결같이 자신의 길을 나아가는 사람들입니다. 그런 사람에게 이른바 심리적 약자들은 '당신 같은 사람은 모른다', '그건 강자의 논리다'라고 말합니다. 그러나 진실을 모르는 사람은 오히려 그들입니다.

이토록 단언할 수 있는 이유는 저도 예전에는 약자였기 때문입니다. 괴로워했습니다. 늘 주변에서 나를 어떻게 볼지만 신경 썼습니다. 잔뜩 긴장하며 겁내면서 살았습니다. 그런 제가 자기 성장 트레이닝을 통해 그 상태에서 벗어났기에 양쪽을 모두 이해할 수 있습니다. 제가 약자의 전형이었기 때문입니다.

그러다 '주변의 시선을 겁내며 눈치 보는 마음 상태'에서 벗어나고는 깜짝 놀랐습니다. 이토록 자유로운 세상이 있었다니! 그야말로 충격적이었습니다. 이렇게 좋을 수가! 아무도 가르쳐 주지 않았습니다. 조금 더 일찍 알았으면 좋았을 텐데! 지난 시간이 아까워서 견딜 수 없었습니다. 지금까지와는 전혀 다른 인생이 있었습니다. 돈도 출세도 인기도 필요 없는, 그보다 더 중요한 인생의 법칙이 있는 새로운 세상이 펼쳐졌습니다.

이런 제 경험을 바탕으로 인생은 오직 두 가지뿐이라고 자신 있게 말할 수 있습니다. 타고난 강자는 사실 그리 많지 않습니다. 대부분은 극복해 낸 사람일 뿐입니다. 약자였던 사람이 어려움을 극복하고 강자가 된 것입니다. 인기 만화 〈귀멸의 칼날〉로 예를 들자면 주인공 단지로처럼 역경을 딛고 성장한 것입니다.

지금까지의 자신과 헤어지는 것은 누구에게나 힘든 일입니다. 하지만 인생은 오직 두 가지뿐입니다. 인정 욕구에서 해방되어 절대적 가치를 기준으로 평안하게 사는 인생, 인정 욕구에 얽매여 늘 두려움에 시달리는 인생, 당신이라면 어느 쪽을 선택하겠습니까?

20퍼센트의 사람들은 진정한 행복이 무엇인지 알고 있습니다. 주변의 시선 따위에 개의치 않고 남의 눈에 이상한 사람이라고 보일까 봐 걱정하는 일도 없습니다. 남과 자신을 비교하지도 않습니다. '내 인생은 내가 사는 것'이라고 믿기 때문입니다. 일종의 대담한 결의와 각오를 다진 사람들입니다. 조건적인 행복과 안심에서 벗어나 무조건적인 진정한 행복을 누리는 사람들이 20퍼센트나 됩니다. 당신은 어떤 삶을 살고 싶습니까?

중대한 결단을 내릴 시간입니다. 인정의 조건에 얽매여 겁내는 인생 또는 그런 속박에서 해방되어 절대적인 안정을 얻은 인생 사이에서 선택할 때입니다. 지금이야말로 깨어날 때입니다.

*

이번 장에서는 저의 전문 분야인 심리학에 근거하여

인정 욕구를 고찰해 보고자 합니다.

제2장

인정 욕구의
정체 파악하기

심리학으로 보는 인정 욕구

SNS 세대에서
강하게 나타나는 인정 욕구

SNS가 보급되며 인정 욕구가 세간의 관심을 끌기 시작했습니다. SNS의 사용 빈도와 인정 욕구가 강해지는 데는 밀접한 관련이 있습니다. 인정에서 비롯된 문제들로 힘들어하는 사람이 많아진 것은 단연 SNS의 영향이 큽니다.

특히 인정 욕구 때문에 고민하는 젊은이가 많습니다. 코로나 시대, 저는 대학에서 온라인 수업을 진행하며 젊은 세대의 이런 상황을 실감했습니다. 온라인 수업은 자칫 라디오 방송처럼 일방적으로 진행되기 쉽습니다. 조금 더 효과적으로 학생들과 교류할 만한 방법이 없을까 생각하다가 700명 정도의 학생에게 지금의 고민거리를 받고 제가 대답하는 방식으로 수업을 진행하기로 했습니다.

"연애, 가족, 어떤 고민이든 상관없으니 요즘의 고민거리를 적어 주세요. 제가 시원하게 상담해 드리겠습니다"라고 제안했습니다. 그리고 놀랍게도 꽤 많은 학생의 고민이 인정과 관련이 있었습니다.

인정 욕구란 무엇인가

인정 욕구란, '남에게 인정받고 싶다, 긍정을 얻고 싶다'라는 욕구입니다. 그런데 이런 욕구가 너무나 강해서 스스로 자신을 옭아매기에 이르는 것입니다. '남에게 인정받고 싶다', '미움받고 싶지 않다', '배제당하고 싶지 않다'라는 마음이 인정 욕구입니다. 현대인은 이런 욕구가 무척이나 강합니다. 인정 욕구가 마음을 온통 지배합니다.

타인에게 인정받고 싶다는 마음이 너무 강하면 끊임없이 '남들이 나를 어떻게 생각할까', '이상하게 보진 않을까' 겁내면서 주변의 눈치를 살피며 전혀 자유롭지 못한 인생을 삽니다. 자신을 위한 인생이 아닌 타인을 위한 인생을 살게 됩니다. 그래서 인생이 힘들어집니다. 삶을 무겁게 짓누르는 인정 욕구의 정체를 인식할 필요가 있습니다.

문화, 세대, 직업과의 관계

인정 욕구는 '분위기에 동조하는 문화', '따돌림 문화'와 떼놓을 수 없습니다. 분위기를 파악하고 주변에 맞춰서 동조해야 한다는 압박이 매우 강한 문화라고 설명할 수 있습니다. 사실 이런 문화는 일본만이 아니라 한국에도, 개인주의가 강한 유럽에도 존재합니다.

20~30대 SNS 세대가 유난히 이 문제에 민감하다고는

하나 40대, 50대, 60대에게도 인정 욕구는 있습니다. 한창 사회생활을 하는 60대 중에는 인정 욕구가 강한 사람이 있습니다. 아무래도 70대가 되면 다소 줄어드는 듯하지만 기본적으로 사람은 평생 타인의 인정과 자존에서 벗어나지 못합니다.

인정이나 자존(프라이드)에 대한 욕구는 잘만 활용하면 남에게 인정받고 싶어서 자신을 성장시키는 긍정적인 작용도 할 수 있습니다. 그러나 지금은 지나치게 강한 인정 욕구 때문에 괴로워하는 사람들이 증가하는 시대입니다.

온라인상의 악플 때문에 스스로 목숨을 끊는 연예인의 소식을 종종 접하곤 합니다. 연예인은 인정 욕구의 안테나를 있는 힘껏 키워야만 할 수 있는 직업이기도 합니다. 다른 사람의 기대에 부응해야 한다는 압박이 있으니까요. 인정에 대한 갈망이 끝없이 커지기 쉽습니다. 마음 한구석에 미움받아도 괜찮다는 각오와 나는 나로 괜찮다는 강한 믿음을 심어 둬야 하는 일입니다.

＊

인간에게
인정 욕구가 있는 이유

　왜 인간에게는 인정 욕구가 있을까요? 바로 사회에서 살아가기 위해서입니다. 다른 사람에게 인정받기 위해서 열심히 노력하지 않으면 우리는 살아갈 수 없습니다. 일도 보수도 받을 수 없습니다. 인간이 사회에서 생존하기 위해서는 인정 욕구가 꼭 필요합니다.

　프랑스 사상가 루소Rousseau, Jean Jacques는 『사회계약론』에서 토지라는 재산을 소유할 때부터 사회계약이 시작되고 인간 사회가 성립되는 모습을 묘사합니다. 사회

생활에서 인정받지 못하면 일을 얻을 수 없습니다. 일본, 유럽, 어느 사회에서든 인정은 생존을 위해 불가결한 요소입니다.

그런데 문제는 이 인정 욕구가 너무 지나치다는 데 있습니다. 돈을 많이 벌고, 풍족한 생활을 하고, 좋은 시계와 좋은 옷을 걸치고, 유명해지고, SNS 팔로워 수를 늘리는 등 인정 욕구를 충족하는 방법은 다양합니다. 본래 사회 안에서 생존하는 데 필요했던 인정이 자존과 연결되면서 '남에게 인정받지 못하면 자신에게는 가치가 없다'라는 논리로 변질되었습니다. 인정 욕구는 만족을 모르고 '조금 더'를 외칩니다. 점점 커지는 인정 욕구는 삶을 짓누르기에 이릅니다.

플러스 인정 욕구, 마이너스 인정 욕구

긍정적인 영향을 주는 건전한 인정 욕구도 있습니다.

저는 가수 야자와 에키치 씨를 무척 좋아해서 종종 공연장을 찾습니다. 야자와 씨가 노래를 부르면 공연장은 단번에 열기로 달아오릅니다. 건전한 인정 욕구의 좋은 예입니다. 이때 야자와 씨가 관객과 마음이 통했다, 인정받았다고 느끼는 마음은 건전합니다. 다른 사람에게 인정받고 싶어서, 많은 사람에게 인정받고 싶어서 더 나은 인간이 되기 위해 노력하는 것은 인생에 보탬이 되는 건전한 인정 욕구입니다.

그러나 요즘 사회에는 인생에 마이너스가 되는 '배제되고 싶지 않다', '공격받고 싶지 않다', '무리에서 벗어나고 싶지 않다'라는 인정 욕구가 유난히 강합니다. 직장 동료에게 인정받지 못할까 봐 혹시나 무리에서 배제될까 봐 두려워합니다. 그렇기에 늘 주변의 눈치를 살피며 쭈뼛댈 수밖에 없습니다.

또 사랑하고 사랑받기를 두려워하는 사람이 많습니다. 누군가와 사랑을 주고받는 데 서투릅니다. 무서워서 어쩔 줄을 모릅니다. 상처받는 것이 너무나 두렵기 때문입니다. 배제되는 것에 대한 두려움, 상처받는 것에 대한 두려움이 사람을 궁지로 몰아넣습니다.

　게다가 인정 욕구는 만족을 모릅니다. 인정받을수록 '조금 더, 조금 더'를 외치며 비대해집니다. 아무리 인정을 받아도 그 이상을 바랍니다. 더 인정받고 싶다는 마음이 계속 피어납니다. 끊임없이 '조금 더'를 원합니다. 물론 이런 방식을 통해 일류로 성장해 가는 사람도 있겠지요. 그러나 분명한 것은 어느 시점에서 자신을 바꾸지 않으면 점차 더 인정 욕구에 휘둘리게 된다는 사실입니다. 자기도 모르게 인정 욕구의 꼭두각시가 되어 버립니다.

*

나와 인정 욕구

미움받기를 겁내던 학창 시절

　사실 저도 내향적인 성격인 터라 어린 시절부터 그다지 자신을 표현하지 못하는 편이었습니다. 주변에서 나를 어떻게 볼까, 이상하다고 생각하지 않을까, 내 말과 행동이 괜찮은 건가, 따돌림당하지는 않을까, 늘 이런 생각들에 전전긍긍하며 두려워했습니다. 주변의 눈치를 살피는 데 급급했습니다.

남들에게 맞춰야 한다는 압력에 완전히 굴복한 상태였습니다. '나 자신'이 없었습니다. 중고등학교, 대학교 시절을 거쳐 30대 중반까지도 이런 경향이 남아 있었습니다. 부모님의 눈치는 그리 보지 않은 편이니 운이 좋다고 말할 수도 있겠지만 친구나 동급생의 시선에는 매우 민감했습니다.

중학교 때까지는 전형적으로 공부도 잘하고 잘 노는 아이였습니다. 캔디즈라는 그룹의 팬이자, 프로레슬러 안토니오 이노키 선수의 열성적인 팬이었습니다. 성적도 우수해서 학교의 기록을 갈아 치울 정도로 지역의 우등생으로 통했습니다. 모두의 인정을 받았습니다.

그런데도 저는 늘 주변의 눈만 의식하며 살았습니다. 자신의 모습으로 살지 못하고 다른 사람 눈에 비친 내 모습만 신경 썼습니다. 분위기를 살피며 늘 실실대는 어릿광대나 다름없었습니다.

그런데 어느 순간 이건 남의 인생이 아닌가 하는 생각이 들었습니다. 다자이 오사무의 『인간 실격』이 계기였습니다. 다자이가 말하는 "인간 실격"이 바로 제 이야기 같았습니다. 소설의 주인공은 어릿광대처럼 다른 사람을 웃깁니다. 『인간 실격』이라는 소설이 많은 사람의 공감을 얻은 것은 어쩌면 모두가 자신도 어릿광대라는 사실을 내심 알고 있기 때문인지도 모릅니다. 저 또한 그저 '인간 실격의 어릿광대'였습니다.

내 것이 아닌, 알맹이가 없는, 속이 텅 빈 인생임을 깨달았습니다. 주변 사람에게 인정받는 인생, 좋은 평가를 받는 인생, 오직 그것뿐인 인생이었습니다. 열심히 노력해서 좋은 성적을 얻었고 부모님과 선생님께 칭찬을 받았습니다. 그러나 그저 남들에게 인정받고 싶다는 욕구에 사로잡혀서 에고이즘egoism으로 독주할 뿐이었습니다. 알맹이는 전혀 없이 텅 빈 채로 말이지요.

그때까지 저는 인생이 다 그런 것인 줄 알았습니다. 한 가지 인생밖에 없다고 생각했습니다. 다른 사람에게 인정받고 "대단하다", "멋지다"라는 말을 듣는 인생. 좋은 성적을 얻어 좋은 대학에 들어가고 좋은 회사에 취직해서 월급도 많이 받고 높은 사회적 지위를 얻는 인생. 주변에서 높게 평가해 주는, 인격적으로도 훌륭하다고 주변에서 추켜세우는 사람이 되는 것. 이런 것이 좋은 인생이라고 믿었습니다.

그런 믿음이 있었습니다. 살아가며 자연스럽게 몸에 익히게 되는 사회적 세뇌라고 말할 수도 있습니다. 전혀 다른 인생이 있다는 사실을 몰랐습니다.

어쩌면 당신은 지금까지 남에게 인정받아 온 사람으로, 인정받을수록 더 많은 인정을 원하고 있는지도 모릅니다. 인정받는 기쁨에 빠진 채, 저도 그렇게 살아왔습니다.

다른 사람에게 인정받고 기뻐하던 제가 그런 인생은 내 것이 아닌, 알맹이 없이 텅 빈 인생이라는 사실을 알게 된 후, '진심으로 나 자신을 바꾸지 않으면 이대로 인생이 끝나 버리겠구나' 하고 깨달았습니다. 그래서 저는 매일 스스로를 역세뇌하는 특훈에 돌입했습니다.

나를 바꾸는 1만 번 이미지 트레이닝

방법은 매우 간단합니다.
매일 한결같이 되뇌는 것입니다.

나는 다른 사람에게 미움받아도 상관없다.

길을 걸으면서 누군가와 눈이 마주쳤을 때 '나는 이 사람에게 미움받아도 상관없다', '이 사람이 나를 싫어해도 괜찮다'라고 매일 나 자신에게 말했습니다. 누군가와 눈이 마주친 순간, '나를 미워해도 괜찮아', '미워해도 돼'라고 마음속으로 중얼거렸습니다.

물론 입 밖으로 소리 내서 말하지는 않았습니다. 누군가와 눈이 마주칠 때마다 '싫어해도 괜찮다', '나를 싫어해도 된다'라고 매일 마음속으로 반복하면서 스스로를 세뇌했습니다. 특히 1만 번 이미지 트레이닝에 집중했습니다.

누군가를 떠올리면서 '당신에게 미움받아도 괜찮다', '당신에게 미움받아도 상관없다'라고 3분 동안 50번 정도 마음속으로 말합니다. 열 명을 정해 두고 한 사람당 50번. 한 명씩 떠올리면서 한 사람당 50번, 10회 반복합니다. 하루에 한 시간만 들이면 충분합니다. 이 훈련을 20일간 지속하면 총 1만 번 '당신에게 미움받아도 상관없다'라고 마음속으로 되뇌게 됩니다. 바로 이 20일간의 1만 번 이미지 트레이닝이 저의 인생을 완전히 바꾸어 놓았습니다.

주변의 평가에 연연하며 겁내는 인생, 자기가 진짜 하고 싶은 일을 하는 인생. 인생은 이 두 가지 중 하나라는 일념으로 매일매일 수행했습니다. 제가 정말로 남의 시선에 대한 두려움에서 벗어나기까지는 여러 해가 걸렸습니다. 그 정도로 인정 욕구는 진정 만만치 않은 상대입니다.

그런데 이 접근법은 에너지가 있을 때만 가능합니다. 의기소침해졌을 때, 우울한 상태에 있을 때는 미움받아도 괜찮다고 생각할 마음의 여유가 없지요. 꼭 당장은 아니더라도 인생길 어딘가에서 이런 마음 훈련은 분명 필요하리라 생각합니다.

'세상의 시선 속 인생'에서 벗어나기

다른 사람이 어떻게 생각할까, 이상하게 보지 않을까, 너무 튀지 않을까, 따돌림당하지 않을까. 이런저런 걱정으로 가득한 삶, 이런 인생의 주인공은 자기 자신이 아니라 세상 사람들입니다.

독일 철학자 하이데거Martin Heidegger는 이를 세상 쪽에 서서 자신을 이해하려는 경향이라고 말했습니다. 일상 속에서 세상의 가치관에 물들어 세상의 기준으로밖에 자신을 바라보지 못하는 것이라고도 할 수 있습니다. 인간에게는 세상의 잣대로만 자신을 보는 경향이 있다고 하이데거는 생각했습니다. 이른바 세상의 눈에 갇힌 인생을 보내는 것입니다.

세상 사람에게 인정받는 것, 훌륭하다는 말을 듣는 것, 높게 평가되는 것, 성공하는 것, 유명해지는 것, 대단하다고 추켜세워지는 것, 인기 있는 것, 높은 평가를 얻는 것, 돈을 버는 것, 훌륭한 인간이라고 여겨지는 것, 적어도 세상에서 낙오되지 않는 것, 부끄럽다고 생각되지 않는 것, 학교에서 뒤처지지 않는 것. 그런 것을 중요하게 여기는 무난한 삶의 방식, 존재 방식으로 살아갑니다.

또 세상에는 '일반적으로는 이렇게 생각해'라고 간주하는 사고방식의 유형이 있습니다. 세상 사람 눈에 갇힌 인생을 살면 이런 사고 패턴만 사용합니다. 그 틀을 벗어나지 못합니다. 일반적으로 옳다고 여겨지는 삶의 방식, 사고방식의 틀로 사물을 바라봅니다. 세상의 눈에 갇힌 사람은 삶의 방식, 존재 방식이 오직 한 가지라고 생각합니다. 하지만 알고 보면 80퍼센트의 사람만 그렇게 살 뿐, 나머지 20퍼센트는 그런 것에서 벗어난 삶의 방식으로 살아가고 있습니다. 80퍼센트는 세상의 눈에 갇힌 인생을 살고 그 눈에서 해방된 삶의 방식, 존재 방식이 있다는 사실을 모르는 채로 인생을 마감합니다.

세상의 눈이라는 틀에서 벗어난 후 저는 깜짝 놀랐습니다. 다른 삶의 방식, 전혀 다른 존재 방식이 있다는 사실을 아무도 알려 주지 않았기 때문입니다. 10대의 저를 지금 만날 수 있다면 이렇게 말해 주고 싶습니다.

"지금은 남에게 네가 어떻게 보일지, 어떤 사람으로 생각될지 걱정하면서 살고 있겠지. 하지만 곧 그런 것 따위는 전부 부질없다는 걸 깨닫게 돼. 하루라도 빨리 그런 걱정에서 벗어나렴. 진짜 너의 인생은 그때부터 시작될 거야. 그전까지 네 인생은 네 것이 아니란다."

세상의 눈이라는 최면에서 깨어나면 마음의 시야가 달라집니다. 깨어나기 위해서는 스스로 엄격한 훈련에 돌입할 필요가 있습니다. 부단한 연습을 통해 자신을 바꿔 나가지 않으면 80퍼센트에 속한 채로 인생이 끝납니다. 지금처럼 자신을 옭아매는 존재 방식에 갇혀서 30대, 40대, 50대를 보낼 수밖에 없습니다.

어서 눈을 뜨세요. 세상의 눈이라는 속박에서 벗어나 부디 자유로워지세요!

＊

인정 욕구가
강한 사람이 빠지는 덫

'누구의 것도 아닌 삶'을 표류하는 사람

    인정 욕구에서 벗어나라. 인정과 자존의 유혹에서 자신을 해방하라. 이런 저의 주장은 당신이 오롯이 당신의 인생을 살기를 바라기 때문입니다. 이것이 선행되지 않으면 아무것도 시작되지 않습니다. 상담을 진행하다 보면 상당수가 자기 자신을 되찾는 과정 속에 타인에게 인정받고자 하는 욕구를 점차 내려놓습니다. 그런 마음이 자연스레 옅어지는 것이지요.

매슬로 욕구 단계설

미국 심리학자 매슬로A. H. Maslow 의 욕구 단계설로 살펴보자면 가장 상위 욕구인 '존재 욕구'에 접근하여 인간으로서 비약적으로 성장하는 것을 방해하는 장벽이 바로 인정 욕구입니다. 인정의 장벽을 뛰어넘기만 하면 자기 성장, 자기 초월이라는 고차원의 정신적 기쁨과 행복을 느낄 수 있습니다.

무언가를 위해 성장하는 것이 아니라 날마다 성장하고 있다는 실감에서 비롯되는 기쁨입니다. 매일 성장하는 기쁨, 그것만으로 완벽한 세계. 고차원적 기쁨은 이런 것입니다. 거듭 강조하건대, 인생은 오직 두 길밖에 없습니다. 매슬로 이론으로 말하자면 저차원에서 사는 사람, 고차원에서 사는 사람 오직 두 부류뿐입니다. 저차원에서는 고차원의 정신세계가 보이지 않습니다. 그런 세계의 존재를 알지 못합니다.

인정 욕구는 그런 저차원에 인간을 매어 둡니다. 결핍

욕구에 사람을 속박하는 것이 인정 욕구입니다. 옴짝달싹 못 하도록 사람을 옭아매는 하위 욕구입니다. 인정 욕구에서 벗어나지 못하면 진정한 행복을 느낄 수 없습니다. 행복을 향한 출발선에 설 수조차 없습니다. 타인의 인정을 바라며 세상의 평가 기준에 따라서만 행동하면 누구의 것인지 모를 인생밖에 살지 못합니다. 누구의 것도 아닌 인생, 누구의 것인지 모를 인생을 그저 표류할

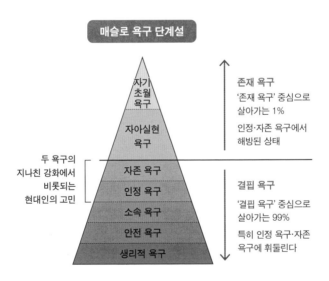

매슬로 욕구 단계설

자기 초월 욕구

자아실현 욕구

자존 욕구

인정 욕구

소속 욕구

안전 욕구

생리적 욕구

존재 욕구
'존재 욕구' 중심으로 살아가는 1%
인정·자존 욕구에서 해방된 상태

두 욕구의 지나친 강화에서 비롯되는 현대인의 고민

결핍 욕구
'결핍 욕구' 중심으로 살아가는 99%
특히 인정 욕구·자존 욕구에 휘둘린다

※ 참고: 『카운슬링 이론-상(カウンセリングの理論上巻)』, 모로토미 요시히코(2022)

뿐입니다.

저도 예전에는 살아 있지만 살아 있음을 느끼지 못했습니다. 지금 당신도 그런가요? 그렇다면 당신은 아직 진정으로 살아 있는 것이 아닙니다. 자신의 인생을 되찾으세요.

인간은 두 번 태어난다

루소는 자아가 싹트는 사춘기를 또 한 번의 출생이라 보고 '인간은 두 번 태어난다'라고 표현했습니다. 저는 다음과 같은 의미로 인간은 두 번 태어난다고 생각합니다. 한 번은 육체적 탄생. 또 한 번은 인정과 자존에 휘둘려 누구 것인지 모를 인생을 표류하는 상태에서 벗어나 새로운 존재 방식에 눈을 뜨는 것.

진정한 자기 인생의 시작점, 이때부터 비로소 진짜 자신의 인생이 펼쳐진다는 의미에서 인간은 두 번 태어난다고 생각합니다. 다시 한번 자신의 인생을 시작해 보세요. 자신의 인생을 다시 한번 살아 보세요. 그 첫걸음이 인정 욕구 내려놓기입니다.

내부 감각을 되찾다

인정 욕구에서 해방되면 인간은 점차 '내부 감각'을 되찾기 시작합니다. 직장이나 가정에 구체적인 문제가 있는 것도 아닌데 몸속 깊숙이 어딘가, 복부나 가슴 언저리에서 어쩐지 이대로 있으면 안 될 것 같은, 지금 상태가 계속되면 큰일 날 것 같은 말로는 표현하기 힘든 불편한 느낌이 들 때가 있습니다. 미국 심리학자 칼 로저스Carl Ransom Rogers는 이를 내부 감각이라고 표현합니다.

인간은 몸 안쪽 깊숙한 곳에서 자신의 본심, 자신이 진짜 원하는 것을 감각적으로 인지한다는 것입니다. 그러지 않아도 내가 뭘 원하는지는 안다고 생각하는 사람도 있겠지요. 그런데 사실 우리는 잘 모릅니다. 누구 것인지 모를 인생을 표류해 왔기에 사실은 무엇을 원하는지 어떤 인생을 살고 싶어 하는지 자기 본심을 잘 모릅니다. 정말로 자신이 원하는 것을 알려면 몸속 깊은 곳의 감각, 내부 감각을 되찾아야 합니다.

자신의 인생을 살기 위해서는 크게 다음 두 단계가 필요합니다.

① 인정 욕구를 버린다. 타인이 어떻게 생각하든 신경 쓰지 않는다.
② 자신의 내면 깊은 곳, 내부 감각을 되살린다.

※

모든 이와 거리 두기,
일부러 상처 주고 상처받기

인정에 매여 있는 사람은 누구와도 깊이 교류하지 못합니다. 애초에 누구도 사랑하지 않고 깊이 관계하지 않으면 상처받는 일도 없기 때문입니다. 차고 차이고 상처 주고 상처받고 기뻐하고 슬퍼하고 사랑하고 사랑받는 그런 마음 복잡한 세계에서 자신을 멀리 떨어뜨려 놓으면 상처받지 않을 수 있습니다. 그래서 처음부터 사랑하려고 하지 않습니다. 깊이 사귀려고 하지 않습니다. 처음부터 남에게 기대하지 않습니다.

그런데 이와는 정반대의 유형으로 늘 누군가에게 상처를 주고 상처를 받는 사람도 있습니다. "당신은 어차피 이런 사람이다", "당신은 최악이다"라는 식으로 과장해서 말합니다. 이런 말을 듣는 사람은 왜 이런 말을 들어야 하나, 왜 굳이 이런 상처를 받아야 하나 생각합니다. '이렇게 해서 대체 이 사람한테 무슨 득이 있는 걸까'라고 생각합니다.

그런 사람들은 과격한 언쟁을 통해 자신을 지키려는 것입니다. 일부러 상처를 주고받음으로써 정말로 마음 아픈 일은 피할 수 있다고 생각하기 때문입니다. 조금 상처를 받아도 '원래 이런 식이니까'라고 결론짓습니다. 누군가를 버리고 누군가에게 버림받기를 반복하면서 진짜 상처를 피할 수 있다고 믿습니다. 진정으로 버림받는 일은 없기 때문입니다.

인정에 얽매여 살아가는 사람은 누구와도 깊이 관계를 맺지 않든지, 일부러 상처를 주고받든지 둘 중 하나를 선택할 수밖에 없습니다.

인정 욕구와 HSP

HSP에 관한 이야기가 여기저기서 많이 들려옵니다. HSP는 Highly Sensitive Person, '매우 섬세한 사람'을 가리킵니다. 너무 섬세해서 다양한 삶의 어려움을 겪는 다고도 알려져 있습니다. 자신이 HSP라고 생각하면서 바로 그 점 때문에 자신이 괴로운 것이라고 생각하는 사람이 드물지 않습니다. 정신건강을 다루는 병원에 'HSP 클리닉'을 설치한 곳도 있습니다. 이런 병원들의 홈페이지를 참고해 보니 HSP에는 다음 네 가지 특징이 있습니다.

1. 사고방식이 복잡하다. 깊게 생각하고 행동한다

◇ 하나를 들으면 열 가지를 상상하고 고려하는 능력이 있다.

◇ 어떤 일을 알아보기 시작하면 깊게 파고들어 그 지식의 깊이
에 주변을 놀라게 만든다.

◇ 겉치레 말이나 비아냥을 바로 간파한다.

◇ 무언가를 시작하기까지 이것저것 고려하느라 시간이 오래 걸
린다.

◇ 잠깐의 쾌락보다 철학적인 것에 흥미가 있으며 깊이가 없는
사람이나 화제를 꺼린다.

2. 자극에 민감해서 쉽게 지친다

◇ 사람이 붐비는 곳이나 큰 소리, 소음이 힘들다.

◇ 친구와 보내는 시간은 즐겁지만 쉽게 피곤해지고 집에 오면
녹초가 된다.

◇ 영화, 음악, 텔레비전 방송, 책 등 예술 작품에 감동해서 운다.

◇ 다른 사람의 사소한 말에 상처받고 계속 잊지 못한다.

◇ 작은 일에 과도하게 놀란다.

3. 다른 사람의 기분에 휘둘리기 쉬우며 깊이 공감한다

◇ 다른 사람이 화를 내면 자기 일처럼 느껴져 상처받거나 배가

  아파지기도 한다.

◇ 슬픈 영화나 책 등의 등장인물에 감정이입하고 오열한다.

◇ 다른 사람의 작은 몸짓, 시선, 목소리 등에 민감해서 기분이

  나 생각을 파악할 수 있다.

◇ 말을 잘하지 못하는 유아나 동물의 기분도 헤아릴 수 있다.

4. 모든 감각이 예민하다

◇ 냉장고 기계음이나 시계 소리가 신경 쓰일 정도로 청각이 민

  감하다.

◇ 강한 빛이나 햇볕으로 인한 눈부심에 약하다.

◇ 가까이 있는 사람의 입 냄새, 담배 냄새에 속이 울렁거린다.

◇ 카페인이나 화학 첨가물에 민감하게 반응한다.

◇ 피부에 닿는 옷의 라벨, 따끔거리는 소재가 참을 수 없이 거

  슬린다.

HSP에 가까운 사람

이 항목을 보면 저도 HSP 성향이 꽤 있습니다. 중고등학교 때부터 철학서를 탐독할 만큼 심오한 것을 생각하기 좋아하는 경향이 있었습니다. '친구와 보내는 시간은 즐겁지만 쉽게 피곤해지고 집에 오면 녹초가 된다'라는 항목은 그야말로 제 얘기입니다. 혼자가 되면 피곤이 한꺼번에 몰려옵니다. 대학 송년회 등 가끔 어엿한 파티에 참여해야 할 때, 그런 자리가 매우 불편합니다. 여기저기 신경 쓰느라 지칠 대로 지쳐 버리기 때문입니다. 다른 사람의 작은 말에 상처받고 계속 잊지 못할 때도 있습니다. 작은 일에 과할 정도로 놀랄 때도 있습니다. 누가 갑자기 어깨 등을 만지면 놀라서 소리를 지르기도 합니다.

상담사가 될 정도니 다른 사람에 대한 공감성은 매우 높은 편입니다. 상대방의 기분이 잘 전해져 오고 동물의 기분을 이해한다고 느끼는 순간도 드물지 않습니다. 가까이 있는 사람의 입 냄새, 담배 냄새에 속이 울렁거리는 일도 있고 피부에 닿는 옷의 라벨, 따끔거리는 소재가 참을 수 없이 거슬릴 때도 있습니다.

저도 일반적으로 생각하는 HSP라고 판단되는 성향, HSP적 경향이 나름대로 있는 듯합니다. 어렸을 때는 특히 이런 경향이 강했습니다. 그리고 이런 경향, 특히 인간관계에서 민감한 기질이 사춘기·청년기에 타인의 눈에 비치는 나의 모습을 과하게 의식하는 요인으로 작용한 것은 분명해 보입니다.

HSP와 인정 욕구의 강화

요즘에는 살면서 겪는 괴로움에 HSP라는 꼬리표가 붙는 경향이 있습니다. 그런데 사실 HSP 자체는 좋은 의미도 나쁜 의미도 아닙니다. 환경의 영향을 받기 쉬움을 나타내는 개념에 지나지 않습니다. 그저 '환경 감수성environmental sensitivity'을 나타내며 좋은 의미도 나쁜 의미도 포함하지 않습니다. 주변 사람의 영향을 매우 잘 받는 사람이라고 표현하는 것뿐입니다.

즉, HSP 성향을 가진 사람이 좋은 환경에 놓이면 좋은 영향을 받기 쉬워서 점점 의욕이 커지고 능력도 향상됩니다. 이와 반대로 불량한 집단이나 열악한 양육 환경 등 나쁜 환경에 놓이면 나쁜 영향을 쉽게 받아 단번에 의욕이 떨어져 버립니다.

HSP의 특징으로 ① 깊은 인지적 처리, ② 부담을 쉽게 느낌, ③ 정서적·공감적 반응이 높음, ④ 눈치가 빠름 등을 들 수 있습니다.

HSP는 섬세한 사람에 관한 연구 분야에서 일인자라고 할 수 있는 심리학자 일레인 아론Elaine N. Aron 박사가 붙인 사람의 기질을 나타내는 명칭입니다. 즉, HSP라는 기질 자체는 삶의 괴로움에 직결되지 않습니다. 그러나 HSP의, 특히 인간관계 면의 기질적 과민함이 다양한 경험 속에서 인정 욕구를 자극해 타인의 눈에 비치는 자기 모습을 염려하는 경향을 강화할 수는 있습니다. 그러면 자신이 하고 싶은 일보다 다른 사람이 어떻게 생각할지를 중시하게 됩니다.

이런 인정 욕구의 비대화·고착화가 삶을 힘겹게 느끼도록 만듭니다. 다시 말해, HSP라는 기질·성격을 바꾸지 않아도, 거대하게 굳어 버린 인정 욕구를 완화하기만 해도 삶의 괴로움, 타인의 시선과 평가에 연연하며 눈치 보는 경향은 현저히 줄어듭니다. HSP라는 기질 그 자체 때문에 괴로운 것이 아니라 HSP가 하나의 요인으로 작용해 인정 욕구를 강화하고 마음을 속박하는 것입니다. 인정 욕구에서 벗어나면 삶의 고민과 괴로움에서 상당 부분 해방됩니다.

자신의 중심축을
견고하게 다지는 방법

나의 기준으로 살고 싶지만

이렇게 말하는 사람도 있습니다. "타인과 세상의 시선,
평가에 휘둘리고 싶지 않다. 이제는 타인의 기준이 아니
라 나의 기준, 나의 축을 가지고 살고 싶다. 그런데 그 중
심이 자꾸만 흔들린다. 내 생각이 틀린 것이 아닐까 생각
하게 된다. 타인의 평가에 좌우되지 않는 나의 중심축을
견고하게 다지고 싶다."

타인 중심이 아니라 자기 축으로 살아가라고 흔히 말합니다. 진짜 하고 싶은 일을 하는 것이 자기 축으로 살아가는 삶이라 말합니다. 그러나 많은 사람이 이 부분에서 막힙니다. 지금껏 타인과 세상의 시선을 신경 쓰면서 그들의 기준으로 살아왔기에 '진정으로 하고 싶은 일이 무엇인가'라는 질문에도 남들에게 괜찮다고 평가받을 법한 일반적 틀의 답만 떠오릅니다.

타인의 기준으로 사는 것은 타인의 인정을 바라는 삶입니다. 자기 축으로 사는 것은 스스로의 인정, 즉 자존에 기초한 방식입니다. 얼핏 타자의 인정에서 자유로운 삶처럼 보이지만 자존 욕구의 충족은 타인의 인정에 크게 좌우됩니다.

매슬로가 인정 욕구와 자존 욕구를 결핍 욕구의 중심으로 본 것은 이 두 욕구가 그때그때의 상황이나 성공 여부에 좌우되기 때문입니다. 인정 욕구를 끊어 내지 않은 상태에서는 자기 축을 세워도 주변의 평가에 따라 금세 동요하게 됩니다.

흔들림 없이 견고한 자기 축을 만들려면 ① 훈련을 통

해 인정 욕구를 잘라 버리는 것 ② 생각과 가치관이란 표층적 자기 축을 세우고 만족하는 것이 아니라 자기 내부 깊숙한 곳의 감각에 입각해 판단하는 습관을 기르는 것 ③ 타인과 세상의 시선에 좌우되지 않는 굳건한 자신의 관점을 삶의 기반으로 삼는 것이 필요합니다. 이러한 전제가 없다면 그 순간 자신이 하고 싶은 일을 찾는다 해도 금세 인정 욕구에 짓눌리고 맙니다.

타인과 세상의 시선보다 굳건한 자신의 관점으로

"타인의 시선을 의식하고 쭈뼛대면서 살아가는 데 지쳤어요. 그렇다고 특정 종교에 의지할 마음도 들지 않습니다. 어떻게 살아가면 좋을지 방황만 하고 있어요. 일본인이 유난히 타인의 시선에 휘둘리는 건 서양과 달리 신에 의지하지 않기 때문일까요"라는 질문을 받은 적이 있습니다.

결론부터 말씀드리겠습니다. 인정 욕구에서 해방된 강

한 자신을 만들기 위해 반드시 특정 종교를 가질 필요는 없습니다. 다만, 타인의 눈보다 훨씬 굳건한 기준을 자기 나름대로 확립해 둘 필요가 있습니다. 스스로 참된 것, 진정으로 확실하고 올바른 것이라고 마음 깊은 곳에서 생각할 수 있는 사고의 기준을 가져야 합니다.

이를테면 고대 철학자 플라톤이 '이데아'라고 칭한 참되고 확실하며 올바른 기준 같은 것입니다. 눈부시게 반짝이는 이데아처럼 자신만의 진정한 이념을 늘 내면에 품고 이에 따라 자신을 끌어가야 합니다. 이런 신념이 없으면 인간은 금세 또다시 인정이라는 덫에 걸리고 맙니다.

더는 타인의 눈에 비치는 자신으로 살고 싶지 않다면 눈부시게 빛나는 이데아와 이념을 자기 내면에 품고 살아가야 합니다. 자신을 초월한 '위대한 존재의 눈', '하늘의 눈'을 통해 자신을 바라보는 고귀한 습관을 기릅니다. '이것만큼은 이뤄 내겠다'라는 사명과 천명을 발견하고 오롯이 그것에 집중하며 살아갑니다.

타인의 시선에서 완전하게 해방되려면 이데아, 위대한 것, 하늘의 빛, 사명과 천명이라는 더욱 확실하고 참된 것을 가슴에 품고 그것을 기준으로 살아갈 필요가 있습니다.

현대인의
두 가지 마음 구멍

왜 우리는 이처럼 혼미한 정신 상태에 빠져 있을까요?
현대인은 두 가지 '마음 구멍'에 사로잡혀 있습니다.

'인정 구멍'과 '자존 구멍'

정신적으로 방황하는 많은 현대인들이 인정 욕구와 자
존 욕구에 집착하는 경향이 있습니다. '남들에게 인정받고 싶다', '자존심이 소중하다', '내 자존심을 지키고 싶다', '나 자신을 인정하고 싶다'라는 마음을 매슬로는 결핍 욕구의 핵심으로 보았습니다.

결핍 욕구를 만족시키기 위해서 무언가에 쫓기듯 살아가는 사람은 이른바 자신의 마음 구멍을 채우는 데 급급한 사람입니다. 현대인은 특히 인정 구멍과 자존 구멍을 채우는 데 혈안이 되어 있습니다. 이 마음 구멍을 채우느라 두 욕구에 쉴 새 없이 쫓기며 살아갑니다. 인정 구멍, 자존 구멍이라는 매우 인공적인 마음 구멍을 메우기 위해서 끊임없이 안달하면서 늘 무언가에 쫓기고 휘둘리는 상태입니다.

인정 욕구는 나쁜 것인가?

다른 사람에게 인정받고 싶다는 마음, 인정 욕구가 사실 나쁜 것은 아닙니다. 자신이 바라는 인생을 살기 위한 수단으로 타인의 인정이 필요할 때가 있습니다. 그렇지만 그 이상도 그 이하도 아닙니다. 그저 수단일 뿐입니다.

목적과 수단을 헷갈려서는 안 됩니다. 목적은 인생을 풍요롭고 행복하게 만드는 것입니다. 이 목적을 위해 높은 사회적 위치가 수단으로 필요하다면 괜찮습니다. 그런데 어느샌가 목적과 수단이 뒤엉켜서 인정받는 것 자체가 목표와 목적이 되어 버립니다. 수단을 위한 삶이 되어 버립니다. 인정받기 위한 삶은 이제 내려놓으세요. 시간과 에너지만 낭비됩니다.

'수동적 요구자'에서
탈피하기

　자기 긍정이라는 말을 참 많이 합니다. 그런데 자기 긍정감이라고 다 같은 것이 아닙니다. 그 깊이에 차이가 있습니다. 자기 긍정감이 없다고 호소하는 사람은 타인에게 인정받지 못한다, 프라이드를 존중받지 못한다, 주변에서 나를 소중히 대해 주지 않는다, 다른 사람의 우월감에 이용된다, 사랑받지 못한다, 그래서 나는 나를 긍정할 수 없다고 합니다.

　'주변에서 나를 소중히 대해 주지 않아서 자기 긍정을

할 수 없다. 나를 더 소중히 대해 줘라. 인정해 줘라. 내 자존심을 배려해 줘라. 주변에서 이런 식으로 나를 사랑해 주면 나 자신을 긍정할 수 있을 텐데. 그러면 행복해질 수 있을 텐데' 이런 마음의 외침이 들리는 듯합니다.

어떤 의미로는 당연한 욕구처럼 보이지만, 달리 보면 현대인 전체가 '수동적 요구자'가 되지 않았나 생각합니다. 즉, 다른 사람이 무언가를 해주는 것에 집착합니다. 수동적 요구자는 주변이 ○○ 해 주지 않아서 나는 행복해질 수 없다고 주장합니다. 안타까운 일이지요. 무척이나 안타까운 일입니다.

이것은 현대인 전반의 정신적 수준 저하와도 관련이 있습니다. 어떻게 하면 좋을까요. 이제 이러지 말자고 이런 건 필요 없지 않냐고 딱 잘라 낼 수 있다면 마음이 한결 가볍고 상쾌해지지 않을까요? '다른 사람이 나를 소중히 대하지 않아도 괜찮다. 인정받지 않아도 괜찮다. 자존심을 지켜 주지 않아도 괜찮다' 이런 자세라면 마음에 평온이 찾아오지 않을까요.

심리학으로
세상이 달라진다

　매슬로가 말하는 '정신 수준 상위 1퍼센트'(존재 욕구로 살아가는 사람)에 이르려면 우선 자존 욕구에서 해방되어야 합니다. 그러기 위해서는 인정 욕구로부터의 해방이 필수불가결하다고 저는 생각합니다. 여기서는 사회 안에서의 깨달음, 사회 한복판에서 깨닫는 것이 특히 중요합니다.

　예전에 큰 깨달음을 얻었다는 일본 승려가 있었습니다. 진정한 깨달음을 얻었다고 평가받는 승려였으나 미국

방문 시 보였던 불손한 행동 때문에 빈축을 산 적이 있습니다. 설령 밀실 안에서, 절 안에서 깨달음을 얻었다고 해도 실제 현실 사회에서 그 승려가 보여 준 행동으로는 도저히 그가 깨달음을 얻었다고 말하기 어려웠습니다.

'다른 사람에게 인정받고 싶다. 존경받고 싶다. 받아들여지고 싶다'라는 진한 자존심이 강하게 풍겼기 때문입니다. '대접받고 칭송받고 싶다'라는 오만함이 넘쳐흘렀습니다. 그래서 커다란 비판이 일었던 것입니다.

어느 정도 이해는 됩니다. 사회 한가운데서 깨닫기란 그만큼 어려운 일입니다. 사회 안에서 깨닫기 위해서는, 상위 1퍼센트의 정신 수준에 이르기 위해서는 역시나 인정 욕구에서 해방되고 자존 욕구에서 해방될 필요가 있습니다. 현대 사회에서 부동의 강한 마음을 얻으려면 '남에게 어떻게 보이든 상관없다, 남이 내 자존심을 배려하지 않아도 괜찮다, 인정받지 못해도 상관없다'라는 마음을 굳건하게 다져 나가는 것이 중요합니다. 이런 욕구의 굴레에서 벗어나 자신의 사명과 천명에 몰두하는 것입니다.

대단한 일이 아니어도 괜찮습니다. 두부를 만드는 사

람이라면 맛있는 두부를 만드는 데 몰두하고 자신의 사명과 천명으로서 그저 한결같이 맛있는 두부 만들기에 전념을 다 하면 됩니다. '다른 것은 아무것도 필요 없다. 매일 맛있는 두부를 만드는 데 최선을 다할 수 있으면 그것만으로 행복하다. 내가 행복하기 위해 달리 필요한 것은 아무것도 없다'라는 상태입니다.

제게는 매일 상담을 하고 글을 쓰고 저의 사상을 단련해 가는 것, 그 밖에는 아무것도 필요 없는 삶이 존재 욕구로 살아가는 인생입니다. 매슬로는 'being', 즉 존재 자체에 대한 욕구라고 표현합니다. 현대 사회에서 작은 깨달음을 얻으려면 이런 마음 상태로 전환할 필요가 있습니다.

존재 자체가 멋있는 사회로

많은 현대인이 동시에 바뀌는 집합적 변화가 일어나려면 존재 자체에 가치를 두는 사고방식으로 전환되어야 합니다. 집합적 변화는 현대인의 마음 상태가 한꺼번에 바뀌는 것을 말합니다. 그런 변화를 만들려면 존재 자체, 다른 것은 필요 없다는 생각이 멋지다는 인식이 사회 전반에 퍼질 필요가 있습니다.

이런 인식의 전환이 하나의 흐름이 되면 많은 사람이 자연스럽게 바뀌어 갑니다. 지금은 다들 수동적 요구자가 되어 '더 인정해 줘. 더 신경 써줘. 더 사랑해 줘. 내 자존심을 지켜 줘. 소중히 대해 줘'라는 마음을 당연하게 여깁니다.

그런 건 이제 필요 없지 않아? 해줘 해줘라니, 별로잖아. 사실 그런 건 필요 없잖아.

그런 데 얽매이면 행복해질 수 없어. 그런 것에 속박되면 언제까지나 행복해질 수 없다는 걸 지금은 다 알잖아. 이제 필요 없으니 다 버리자. 그런 건 그만두고 '존재'에 집중해 보자. 자신의 사명에 몰두하면서 살자.

이런 식으로 세상 분위기와 흐름이 달라지면 현대인

의 집단적 변화가 일어날 수 있다고 생각합니다. 현대인의 정신 수준이 단번에 상승하고 모두의 마음이 풍요로워지는 사회로 세상을 변화시켜야 합니다. 수동적 요구를 당연하게 여기지 말고 존재 자체가 멋있다고 말하는 사회가 되어야 합니다.

담담하게 자신의 사명과 천명에 몰두하고 서로를 존중합니다. 각자의 존재를 소중히 하고 매일의 경험을 즐깁니다. 자신의 천명과 사명에 집중하는 삶의 방식을 값지게 여깁니다. 이것이 멋있는 삶이라고 자연스럽게 생각하는 세상으로 변해야 합니다. 이런 변화가 현시대를 위해, 정신 수준의 비약적 향상을 위해 지금 가장 필요한 것이 아닐까 생각합니다.

우선 개개인이 바뀌어야 합니다. 한 사람이 달라지고 자기 변화가 일어나면 작은 깨달음이 연쇄적으로 발생합니다. 작은 깨달음이 이어지다 보면 한꺼번에 폭발하는 단계가 찾아옵니다. 많은 사람의 정신성이 동시에 한층 비약적으로 향상되는 놀라운 전개가 펼쳐집니다. 그야말로 '전환conversion'이 일어납니다. 이런 전환은 일종의 내면적 혁명, 마음의 혁명, 정신적 혁명이라고 저는 생각합니다.

심리학으로 세상이 바뀌는 것. 만약 심리학으로 세상이 달라진다면 변화는 이런 식으로 일어나지 않을까 생각합니다. 인정 욕구와 자존 욕구에서 해방되고 타인에게 기대는 삶에서 벗어납니다. 그리고 존재 자체being에 가치를 두고 사명과 천명을 찾아 그것에 몰두합니다. 그런 서로를 격려하며 살아가는 세상으로 바뀔지 말지 그 운명의 갈림길에 지금 우리가 서 있다고 저는 생각합니다.

제가 살아가는 동안 일본인의 정신성이 존재being의 세계로 바뀌어 가는 것을 보고 싶습니다. 그러기 위해 제가 할 수 있는 일은 뭐든 해보고 싶습니다. 힘을 합쳐 세상의 흐름을 만들어 봅시다.

이번 장에서는 인정 욕구에 휘둘리는 사람,

너무 강한 인정 욕구에서 비롯되는

고민의 전형적 사례를 함께 살펴보겠습니다.

제3장

인정 욕구에
휘둘리는 사람들

어쩌면 당신도……

'좋아요' 때문에 불안합니다

"메신저나 SNS로 관계를 쌓는 데 어려움을 느낍니다. '좋아요' 숫자가 늘지 않으면 불안해져요"라고 토로하는 사람이 많습니다. 불안을 느낄 정도라면 SNS를 가능한 한 멀리하는 편이 좋습니다. '저 사람은 답장을 바로 안 주네'라는 이미지가 생겨도 사실 큰 문제가 없습니다. 실제로 만났을 때 "사실 나 SNS가 좀 불편해"라고 솔직하게 말하면 됩니다. "용건이 있을 때만 답장하려고 해"라고 설명해 주세요.

메신저에서 무심코 이모티콘을 보냈다가 '이상한 사람'이란 말을 들을까 걱정된다면 "그래서 난 이제 메신저를 사용하고 싶지 않아"라고 솔직하게 털어놓으세요. 사실 이모티콘을 적절히 사용하기란 쉽지 않지요. 뉘앙스나 전하고 싶은 메시지가 분명한 이모티콘이면 괜찮습니다. 그런데 의미가 불분명한 이모티콘, 중의적이고 애매한 이모티콘을 보내고 오해받는다고 고민하고 있지는 않나요? 이런 오해의 소지가 있어서 저는 이모티콘을 사용하지 않습니다.

대단하다, 부럽다는 말이 듣고 싶어서, '좋아요'를 받고 싶어서 SNS에 게시물을 올리는 사람이 많습니다. 남의 눈에 비친 나, 세상 사람 눈에 비친 나를 빛내려고 SNS에서 애쓰는 사람들입니다.

'좋아요'를 받고 싶어 해도 됩니다. 부럽다, 대단하다란 말을 듣고 싶어 해도 괜찮습니다. 다만, 그런 마음이 너무 강하면 결말이 좋지 않습니다. 모든 이에게 '좋아요'를 받는 사람은 없기 때문입니다. 언젠가 자신에게 중요한 것을 이루기 위해서는 주변 사람이 뭐라고 생각하든 상관없다는 결의와 각오를 굳혀야 할 순간이 찾아옵니다.

인간관계에서 우열이 너무 신경 쓰여요

'상대방이 우월함을 과시한다, 나를 무시한다'라는 관점은 SNS 시대 특유의 스키마(사물을 보는 방식)입니다. 일본어로 '마운트를 차지하다マウントを取る'라는 표현이 있습니다. '자신이 상대보다 우월함을 드러내다'라는 의미인 이 표현이 일상적으로 쓰이기 시작하면서 타인과의 관계에서 누가 위고 누가 아래인지, 누가 주도권을 잡고 있는지 파악하는 것을 하나의 굳어진 틀로 보는 경향이 생겼습니다. 특히 누가 주도권을 가지고 대화를 끝내는지 신경 쓰는 사람이 많습니다.

　일전에 심리학을 공부하는 30대 후반 학생의 고민을 들었습니다. "친구와 술을 마시는데 '오늘 누가 돈을 낼

까, 대화는 누가 끝내게 될까' 온통 그런 데만 신경이 쏠려 있었어요. 누군가와 커뮤니케이션을 할 때 내용이 아니라 어느 쪽이 주도권을 쥐는지에만 연연하게 됩니다. 심리학 워크숍처럼 진실하게 이야기를 나누며 관계를 맺는 곳에서조차 타인과 비교하며 '승패'라는 관점에 사로잡히고 말아요."

정말로 쓸쓸한 인생이라고 생각합니다. 이런 데 얽매이면 인생이 보잘것없어집니다. "실컷 잘난 척하세요. 전신경 안 쓰거든요, 그런 거!" 이런 마음을 다져 놓으면 상대방의 우월감 따위는 전혀 개의치 않게 됩니다.

자존심이 강하다는 것은 상처받기 쉽다는 의미

요즘 상담에서 이런 이야기를 자주 듣습니다. 젊은 직원의 프라이드가 너무 강해서 대하기가 어렵다. 상사·동료로서 어떻게 지내면 좋을지 모르겠다는 내용입니다. 20대, 30대 젊은 직원과의 관계에서 고민하는 중견 사회인이 무척 많습니다. 학교나 회사뿐만 아니라 사회 전반에 흔히 나타나는 일이 아닐까 생각합니다. 자존심이 강하다는 것은 반대로 말하면 상처받기 쉽다는 것입니다. 자존심은 강하고 상처받기 쉬운 사람과는 어떻게 지내면 좋을까요.

20대, 30대는 대체로 자존심이 강합니다. 충고나 지적에 굉장히 민감하고 충고를 받으면 '잘난 척한다', '나를 무시한다'고 생각합니다. 한편 50대, 60대에게는 기본적으로 그런 인식 패턴이 없습니다. 그러니 젊은 세대의 이 감각이 대체 어떤 것인지 이해가 잘 안 됩니다. 마음의 기본적인 스키마가 다르기 때문입니다.

SNS 시대 마음의 스키마

SNS 시대 특유의 이런 스키마는 윗세대도 알아 두는 편이 좋습니다. 젊은 세대와 관계를 맺는 방법을 배우기 위해서도 필요하고 젊은이를 이해하는 데도 필요합니다. 젊은 사람으로서는 이해받는 데 필요한 셈이지요. 세대 간 격차를 메우는 데 도움이 됩니다.

"무시당했다!", "잘난 척한다!"라는 말에 현대인의 존재 방식이 응축되어 있습니다. 무의식중에 어느샌가 자신은 그 역할이라고 믿고 행동하는 마음의 롤이 생깁니다. 이를테면 자신은 상처받는 역할이라고 인식하는 식입니다. 마찬가지로 상대의 우월감에 이용당하는 역할, 무시당하는 역할, 피해자 역할에 빠지기 쉽습니다. 여기에 현대인 특유의 존재 방식이 나타납니다.

상처받고 싶지 않아서 동조한다

'무시당하면 괴로워요', '상처받고 싶지 않아요' 많은
젊은이가 그렇게 말합니다.

　무시당하면 상처받는 건 당연하다면 당연한 일입니다.
나를 무시하는 말을 들으면 왜 이런 말을 들어야 하나,
난 역시 별 볼 일 없는 인간인가 하고 풀이 죽습니다. 이
런 사람이 드물지 않습니다.

　문제는 다른 사람과 부딪히고 상처받는 것이 두려운
나머지, 하고 싶은 말도 꼭 해야 할 말도 하지 못합니다.
상대방이 친구든 연인이든 조금이라도 부딪히면 미움받
을 것이 겁나서 상황을 정면으로 마주하지 않습니다. 미
움받지 않도록 부딪히지 않도록 최대한 조심하느라 정

말로 하고 싶은 말을 못 합니다. 부딪히지 않는 것이 목적이 되어 버립니다.

다른 사람과 충돌하고 싶지 않은 마음이 우선순위가 됩니다. 상처받지 않기 위해서 충돌을 피하려 합니다. 그래서 하고 싶은 말이 있어도 꺼내지를 못합니다. 마음은 충분히 이해합니다. 그러나 하고 싶은 말을 전혀 하지 못하면 자연히 스트레스가 쌓입니다. 얄팍한 교제밖에 하지 못합니다. 그렇다면 인생이 너무 아깝지 않은가요?

언제나 다른 사람에게 해맑아 보이는 인상을 주려고 하면서도 마음속에서는 혹시 나와 대화하는 게 지루하지 않을까 걱정합니다. 따분한 사람이라고 생각하지 않을까, 지금 내가 괜찮은 사람으로 보일까 전전긍긍하며 주변의 눈치를 살핍니다. 마음이 꽁꽁 묶여 있는데도 표면적으로는 '한없이 밝은 나! 고민 없는 나!'의 모습으로 행동합니다.

누군가와 다른 것이 거북해서 무심코 주변인에게 맞추는 사람도 있습니다. 팬케이크를 좋아하지 않지만 누군가 "오늘 팬케이크 먹자"라고 하면 "팬케이크 좋지!"라며 따라나섭니다. 결국 '웩, 맛없어'라고 생각하면서도 "진짜 맛있다. 여기 진짜 맛집이네"라고 말합니다.

그 근본에는 상처받고 싶지 않다, 미움받고 싶지 않다는 심리가 있습니다. 미움받고 싶지 않다는 마음이 자리하는 한 어쩔 방도가 없습니다. 눈치 보고 겁내는 나날에서 벗어날 수 없습니다. 상처받아도, 미움받아도 상관없다는 자세 없이 우리는 마음의 자유를 찾지 못합니다.

타인의 눈이 신경 쓰여서 어쩔 수가 없어요

"여러 사람 앞에서 이야기하는 것이 어려워요. 아무도 나를 보지 않는다는 걸 머리로는 아는데, 괜한 자의식 과잉이라는 걸 아는데 도무지 고쳐지지 않아요"라고 많은 사람이 토로합니다.

주변에서 자신을 신경 쓰지 않는다는 것을 아는데도 긴장하게 되고 사람들 앞에서 말하는 데 심하게 부담을 느낍니다. 대인 불안에 대한 고민입니다. 합리적 정서행동치료 개발자로『심리요법에서 이성과 감정Reason and Emotion in Psychotherapy』이라는 책을 쓴 미국 뉴욕 심리학자 앨버트 엘리스는 주변의 눈이 너무 신경 쓰여서 고민하는 사람에게 이런 조언을 했습니다.

맨해튼 한복판에서 내준 숙제

뉴욕 맨해튼 한복판의 번화가에서 오른 다리에 새빨 간 양말, 왼 다리에 샛노란 양말을 신고 30분간 걸으며 몇 명이 당신을 힐끔거리는지 세어 보라고 숙제를 내줬 습니다. 30분 후 그 사람은 돌아와서 이렇게 말했다고 합 니다.

"아무도 나를 보지 않았습니다. 아무도요."

그렇습니다. 누구나 자기 일만으로도 벅찹니다. 다른 사람에게는 별로 관심이 없습니다. 하물며 모르는 사람 이 이상한 양말을 신고 있어도 신경 쓸 겨를 따위가 없습 니다. 자기 자신의 문제로 다들 정신없이 바쁩니다.

남들이 내게 별로 관심이 없다는 것, 자의식 과잉이라 는 것을 머리로는 아는데 도통 고쳐지지 않는다는 사람 은 위와 마찬가지로 빨간 양말과 노란 양말을 한 짝씩 신 고 번화가 한복판에서 하루를 보내 보세요.

아니면 '나는 바보다'라고 커다랗게 적힌 티셔츠를 입 고 하루 이틀 걸어 다녀 봐도 좋습니다. 처음에는 괴로울지 몰라도 시간이 지날수록 점점 아무렇지 않아집니다. 창피당하기 훈련이 필요합니다. 창피하다고 생각하는 일을 일부러 해보세요. 의외로 주변 사람들은 알아채지 못합니다. 알아채더라도 처음에 조금만 웃을 뿐 금방 개의치 않습니다. 이를 몸으로 직접 느껴 보는 훈련입니다. 이 훈련은 주변 사람이 자신을 어떻게 생각할지에 연연하며 남의 이목을 걱정하는 사람에게도 효과적입니다.

늘 혼자라서 고독합니다

'아무도 자신에게 신경 써주지 않는다. 늘 소외감을 느낀다'고 생각한다면 그 이유를 자칫 자기 탓으로 돌리기 쉽지만 사실은 그 환경과 그저 잘 맞지 않는 경우가 많습니다. 이때는 환경을 바꾸면 문제가 해결됩니다.

이를테면 같은 대학인데도 학부에 따라 학생들 분위기가 전혀 다릅니다. 서로 개성을 존중하는 분위기가 있는 학부도 있고 동조 압력이 유난히 강한 학부도 있습니다. 혼자라는 외로움을 느끼는 사람은 주변의 눈치를 보며 자신을 주변에 지나치게 맞추려는 경향이 있습니다.

자기가 있는 환경에 어울리지 못하면 나만 외톨이다, 아무도 나한테 관심이 없다, 겉돈다, 불편하다는 생각이 듭니다. 이런 생각으로 힘들어하는 분에게 저는 "그러면 뭐 어때! 상관없어!"라고 말해 주고 싶습니다. 지금 처한 환경에 잘 맞지 않는다면 무리해서 주변에 맞출 필요 없이 자신에게 더 잘 맞는 장소를 찾으면 됩니다. 그리고 그곳에서 인정받으면 됩니다.

저는 상담사로서 등교를 거부하는 학생을 줄곧 만나 왔습니다. 정신연령이 또래보다 어리거나 매우 높은 아이는 등교를 거부하는 경우가 많습니다. 예를 들어, 고등학교 1학년인데 정신연령이 중학교 2학년 정도이면 또래 그룹에 섞이기가 힘들어서 등교를 거부하기 쉽습니다. 반대로 고1인데 대학생 정도의 정신연령이어도 등교를 거부할 수 있습니다. 어느 쪽이든 자신을 주변 수준에 맞추는 것은 어렵습니다. 정신연령이 또래보다 높아도 주변 친구들의 정신연령이 지나치게 낮게 느껴져서 어울릴 수가 없습니다.

누구든 자기에게 맞는 수준의 사람들이 있는 곳에 가면 됩니다. 그런 환경에서는 안정을 찾을 수 있습니다. 지금 환경에서 겉돌고 있다면 그저 자기 탓으로 돌리며 풀 죽어 있을 필요가 없습니다.

아무도 나를 칭찬해 주지 않습니다

"이 회사(학교)에서는 열심히 노력해도 아무도 칭찬해 주지 않아요. 상사, 선배, 선생님이 인정해 주지 않습니다." 조직에 흔히 있을 법한 '보상받지 못하는 유형'의 고민입니다. 늘 자신만 손해를 본다고 느낍니다. 스스로 열심히 하고 있다고 생각한다면 주변과 비교할 필요는 없습니다. 열심히 최선을 다하는 자신을 스스로 칭찬해 주세요.

 주변 사람에게 칭찬받을 필요도 상사나 선생님에게 칭찬받을 필요도 없습니다. 선생님이나 상사와의 궁합도 있습니다. 자신의 장점을 알아 주는 사람인지, 그저 자신과 잘 맞는지 아닌지의 문제입니다. 주사위를 던지는 것이나 다름없습니다. '아, 잘 안 맞는 사람이구나'라고 단순하게 생각하고 다른 곳으로 가면 됩니다. 내가 어디 문제가 있나 하고 자신을 탓하지 말고 자기를 인정해 주는 사람이 있는 곳으로, 자신에게 잘 맞는 곳으로 이동하세요.

자신을 바꾸려고 하지 마세요. 자신이 있는 곳을 바꾸세요. 필요한 것은 환경 조정입니다. 자기 계발이 아닙니다. 자신을 바꿔야 할 문제가 아닙니다. 인정을 받고 싶다면 소속 집단을 바꾸면 됩니다. 자신이 보상받고 인정받는 조직으로 옮기면 됩니다. '다른 사람은 놀면서 인정받는다. 나는 열심히 노력하는데도 인정받지 못한다. 나만 손해 본다'라고 느끼는 것은 당연합니다. 정말로 손해를 보고 있으니까요. 분명 손해입니다. 그러니 손해 보지 않는 집단, 조직으로 옮기세요.

인정받지 못한다고 느끼는 사람 중에는 이런 고민을 하는 경우도 있습니다. "상대방을 도와주려는 의도였는데 보상은커녕 되레 공격받았어요." 도와줬는데 전혀 고맙다는 말을 듣지 못한다. 감사받지 못한다. 당연하다는 듯한 표정을 짓는다는 고민입니다. 이런 경우가 물론 있습니다. 저에게도 자주 있습니다. 그런데 그런 인사가 꼭 필요한가요? 어쩌면 고맙다는 인사는 그리 필요치 않은지도 모릅니다.

고맙다라는 말이 듣고 싶어서, 감사받고 싶어서 도와줬나요? 단순히 상대가 곤란해하고 있고 도움이 필요한 상황이라 생각해서 도와줬을 테지요. 그렇다면 "고마워요"라고 굳이 인사를 듣지 않아도 되지 않을까요. 상대방 시점에서 생각해 볼 필요가 있습니다. 당신의 도움이 필요할 정도로 곤란한 상황이었으니 상대는 자기 생각만 하기에도 벅찬 상태겠지요. 보통은 "고마워요"라고 말할 여유가 없습니다.

'내가 도와줬는데!'라면서 자기 일로 버거워하는 사람에게 '고맙다고 말해! 이만큼 도와줬는데 고맙다고 인사도 안 하다니'라고 생각하는 것 자체가 오만한지도 모릅니다. 상대방의 처지를 헤아려 본다면 그런 인사에 개의치 않겠지요.

상대방을 도와줬는데 보상받지 못했다며 한탄하는 사

람이 있다면 과연 누구의 잘못일까요? 한탄하지 않아도 될 일을 한탄하는 것은 '비합리적 신념', 자신을 불행하게 만드는 비논리적 사고방식입니다.

사고방식이 왜곡되면 괴로움이 생겨납니다. 그래서 인지행동치료에서는 왜곡된 사고를 바로잡는 훈련을 합니다.

부모의 안색을 살핍니다

부모가 뚜렷한 기준 없이 자기 기분에 따라 아이를 대하면 아이는 늘 부모의 안색을 살피게 됩니다. "집 나가!", "너 같은 아이는 필요 없어", "너를 낳지 말았어야 했는데" 등 알아채기 쉽게 '독이 되는 부모'의 대사를 내뱉는 경우가 있는가 하면 그렇지 않은 부모도 있습니다.

　'숨어 있는 독 부모'는 이렇게 말합니다. "네 마음대로 해도 돼", "근데 엄마는 네가 너무 걱정돼", "정말로 그런 사람이랑 어울려도 괜찮을까?", "정말 괜찮아? 엄마가 좀 만나 볼게", "뭐? 이상한 사람 아니니? 엄마는 어쩐지 찜찜한데", "근데 네 맘대로 해도 돼" 이렇게 말하면서 아이의 마음을 옭아맵니다. 마음대로 하면 안 된다는 부모의 마음이 아이에게도 전해집니다.

숨어 있는 독 부모의 주요 레퍼토리는 ① 연애, 결혼
② 진로입니다.

"엄마는 우리 딸이 그런 회사에 근무한다니 너무 걱정
되네", "우리 딸이 선택했으니 됐지 뭐", "물론 네 마음대
로 해도 되지만", "좀 더 이름 있는 데가 좋지 않니?"라고
합니다. 하고 싶은 대로 해도 된다는 말은 전혀 진심이
아닙니다.

숨어 있는 독 부모 밑에서 아이는 부모의 안색을 살피
느라 자유롭게 생각하지 못합니다. 결과적으로 자신 없
는 사람, 스스로 생각하지 못하는 사람으로 성장합니다.
그리고 부모에게 인정받지 못하는 나, 부모의 기대에 부
응하지 못하는 나는 형편없는 인간이라고 믿으며 열등
감에 빠집니다. 혹시 지금 나도 독이 되는 부모 밑에서
자랐다는 생각이 드나요? 그렇다면 당신에게는 이런 연
습이 필요합니다.

다음 문장을 소리 내서 열 번 말해 보세요.

"나는 부모 기대에 부응하기 위해 이 세상에 태어난 것이 아니다."

다시 한번.

"나는 부모 기대에 부응하기 위해 이 세상에 태어난 것이 아니다."

"부모는 부모. 나는 나."

"나에게는 내 인생이 있다. 부모에게는 부모의 인생이 있다."

가족 내에서 열등감을 느끼는 유형

우수한지 아닌지는 누가 정하는 것일까요? 자신이 정하는 것입니다. 음악가가 되고 싶다면 음악을 잘하면 됩니다. 프로레슬러가 되고 싶다면 프로레슬링을 잘하면 됩니다. 자신이 되고 싶은 것에 필요한 능력을 갖추면 됩니다. 그것과 상관없는 능력을 다른 식구가 가졌다고 해서 자기 능력과 비교할 필요는 없습니다.

우수한지 아닌지는 자신의 가치관으로 정합니다. 자신의 기준이 확고하면 열등감이 사라집니다. 형제자매와의 비교는 너무도 유치한 행위입니다. 형과 나를 비교하거나 동생과 나를 비교하는 행위는 고2까지만 해도 충분합니다. 열일곱 살 이상이라면 자신을 자신의 기준으로 판단하기 바랍니다.

평범하게 살라는 부모의 주문

많은 부모가 자녀에게 평범한 인생을 살라고 말합니다. 어째서 평범하게 살지 못하느냐고 한탄합니다. 평범하게 살라고 거듭 말하는 부모는 독이 되는 부모의 전형입니다. 이런 '독'을 들으면 꼭 스스로 해독하세요. 그래야 탈이 나지 않습니다. 좋은 부모는 평범하게 살라고 하지 않습니다. 자기다운 삶을 살라고 말합니다.

그러나 안타깝게도 평범해져라 평범하게 살라는 주문으로 자녀를 속박하는 부모가 많습니다. 진정 독이 되는 부모입니다. '평범' 같은 건 세상 어디에도 없습니다. 독이 되는 부모에게서 벗어나세요. 자신을 해방하세요! 평범이라는 속박에서 자신을 자유롭게 풀어 주세요!

자신감이 없어요

"저한테는 '이게 바로 나!'라고 할 만한 것이 없습니다."

"딱히 잘하는 것이 없어요."

그래서 자신도 없고 타인에게 내가 필요하다는 느낌도 받지 못한다고 고민하는 사람이 많습니다. 십여 년 전 자아실현, 자아 찾기가 유행한 시절이 있었습니다. 나다운 내가 되기, 나다움 찾기 열풍이 불었습니다. 이런 유행은 2010년 무렵 정점에 달했다가 지금은 다소 열기가 사그라든 듯합니다.

자아 찾기 열풍은 왜 시들해졌을까요. 나다움은 간단히 발견할 수 없다는 사실을 깨달았기 때문일지도 모릅니다. '특별한 나' 같은 건 어디에도 없습니다. 나만 할 수 있는 일도 여간해서는 찾기가 어렵습니다. 다들 어렴풋

이 이런 사실을 깨달았겠지요. 자아 찾기에 아무리 골몰해도 답은 나오지 않습니다. 마음을 한참 들여다보고 나다운 것이 과연 무엇일까 곰곰이 생각해 봐도 진정한 나다움을 발견하지는 못합니다. 그렇습니다. 그래서 자아 찾기의 유행이 지나간 것입니다.

한때의 유행은 지나갔지만 우리 모두의 마음에는 나다움을 찾고 싶고 나답게 살아가고 싶은 욕구가 분명히 있습니다. 『죽음의 수용소에서』의 저자로 널리 알려진 빅터 프랭클Viktor Emil Frankl은 자아실현, 자아 찾기를 이론적으로 비판한 심리학자 중 한 명입니다. 프랭클은 자아실현을 목표로 삼는 것은 모순이라고 말합니다.

자아실현은 본래 결과입니다. 자아를 잊은 채 자신이 해야 할 일을 하는 것, 사명과 천명을 따른 결과, 자아실현은 결과로서 나타나는 것이지, 향해 가야 할 목적이 아니라고 프랭클은 설명합니다.

"자아를 잊고 자신이 해야 할 일을 할 때, 자기에게 주어진 사명과 천명을 완수했을 때 결과로서 자아가 실현된다. 즉 자아실현은 본래 결과이다. 그런데 이를 목표로 삼으면 본말전도의 사태가 일어난다"라고 비판했습니다.

진정 맞는 말이라 생각합니다. 나다움을 찾고 싶다. 잘하는 것이 없다는 고민은 그 자체가 모순입니다. 자신이 없다든가 자신은 남에게 필요한 존재가 아니라는 고민도 프랭클은 본말전도라고 보았습니다. 그러면 어떻게 해야 할까요. '반성 제거', 즉 반성하지 말라고 프랭클은 말합니다. '지나치게 생각하지 마라. 반성을 너무 많이 한다. 지나치게 많이 생각하고 머릿속으로 계속 제자리를 빙빙 돌면서 에너지를 낭비한다'고 지적합니다. 생각하지 말고 자신을 잊은 채 무아지경에 빠져 보는 것이 중요하다는 의미입니다. 자신이 누구인지, 알 때가 되면 저절로 알게 됩니다.

저는 '나답게'라는 것이 필요 없다는 생각이 듭니다. 오히려 나 자신은 하나의 상자, 무언가를 담는 상자에 불과하다고 느낍니다. 이를테면 이 책을 쓰는 사람이 꼭 제가 아니어도 됩니다. 지금 인정 욕구에서 벗어나야 한다고 누군가가 진정으로 이 세상에 제창할 필요가 있다, 인정 욕구에서 벗어나지 않으면 성장도 행복도 얻을 수 없다고 진심으로 생각했기 때문에 이 책을 쓰고자 마음먹었습니다.

그 임무가 어쩌다 나라는 상자, 나라는 그릇에 내려왔기에 그 역할을 해내려고 노력할 뿐입니다. 누군가 다른 사람이 써준다면 꼭 제가 쓸 필요는 없습니다. 다른 일도 마찬가지입니다. 지금 이 세계에 필요하고 다른 사람이 하지 않는 일을 나의 역할로 받아들이고 그 일에 임하고자 합니다. 그 결과 나다움은 저절로 형태가 나타나는 것이 아닐까요.

개개인은 그 사람에게 내려온 사명과 천명을 온전히 이행해 가는 상자이자 그릇입니다. 무아의 경지에서 그저 자신이 해야 할 일에 집중해 나가면 됩니다. 행복도 개성(나다움)도 그 결과 저절로 생겨납니다.

자꾸만 자책하게 됩니다

인정 욕구에 얽매여 있으면 언제나 남과 나를 비교하고 세상의 잣대로 자신을 평가합니다. 그러기에 늘 자기 자신에게 부정적인 말을 쏟아 냅니다. 아직 한참 부족하다며 끊임없이 자신을 질책합니다. 자신을 쉴 새 없이 채찍질하는 사람은 스스로에 대한 기준이 너무 높은 사람입니다. 우선 자신의 기준을, 행복의 기준을 낮출 필요가 있습니다. 지금보다 더 나아야 하는데, 오늘도 딱히 좋은 일이 없었네 하고 중얼거리기만 해서는 하루하루가 너무나 따분해집니다.

'오늘은 이런 게 좋았다!'라고 생각할 일을 적극적으로 찾아봅니다. 어떤 일이든 좋습니다. '늘 무뚝뚝한 편의점 직원이 오늘은 살짝 웃어 주었다. 표정이 밝았다. 며칠간 계속 날씨가 흐렸는데 오늘은 햇빛이 쨍했다. 햇볕만으로도 이렇게 행복해질 수 있구나.' 사소한 행복을 찾다 보면 뇌에서 신경전달물질이 분비되어 행복한 기분이 듭니다. 행복의 기준을 낮추면 일상이 행복으로 가득 찹니다. 행복해지는 데 능한 사람은 일상 속의 작은 행복을 찾는 데 능한 사람입니다. 기억해 두세요.

안 되는 줄 알면서도 자신의 욕망을
이기지 못하는 나 자신에 괴로워하는 사람

이런 사람이 많겠지요! '리포트 써야 하는데'라고 생각하면서도 무심코 텔레비전을 켭니다. 인터넷 서핑을 합니다. 다이어트 중이라 참아야 한다고 생각하면서도 단 음식을 집어 듭니다. '이러면 안 되는데'라고 생각하면 자기 안에서 싸움이 시작됩니다. 욕망을 이기지 못하는 나와 욕망을 이기려는 자의 전투가 시작됩니다. 갈등과 대립이 일어납니다. 이런 싸움이 시작되면 악순환이 형성됩니다. '왜 못하는 거지. 왜 나는 욕망에 지는 걸까. 얼마나 못난 인간인 것인가.' 결국 부정적인 생각이 꼬리에 꼬리를 무는 악순환의 늪에 빠지고 맙니다.

어떻게 해야 이 무익한 전투에서, 악순환의 늪에서 빠져나올 수 있을까요. 가장 좋은 방법은 '그냥 그대로 두기'라는 방식을 몸에 익히는 것입니다. 무심코 디저트를 너무 많이 먹었다면 '아, 욕망에 또 졌네' 하고 그냥 두는 것입니다. 또 디저트를 너무 많이 먹은 자신을 책망하는 자신이 있다면 '욕망을 이기지 못하는 나를 질책하는 나도 있구나' 하고 그대로 두는 것입니다. 그런 식으로 자기 안에서 일어나는 일을 전부 '그렇구나' 하고 내버려두는 것입니다. 훈련을 통해 '그냥 그대로 두기'라는 존재 방식을 몸에 익히는 것이 악순환을 끊고 마음의 싸움을 진정시키는 가장 좋은 방법입니다.

아무 불편함 없이 사는 것처럼 보이지만
비관적 사고 때문에 고민하는 사람

의도치 않아도 비관적으로 생각하는 버릇 때문에 고민하는 사람이 있습니다. 인지행동치료에서는 이를 '자동적 사고'라고 합니다. 생각이 저절로 떠올라 멋대로 움직이기 시작하기 때문입니다.

생각하는 것이 가장 큰 문제입니다. 생각하는 병. 심해지면 마음의 병으로 이어지기에 '병'이라고 부르겠습니다. 문제의 핵심은 생각하는 버릇에 있습니다. 이런 사람에게 추천하는 방법이 있습니다. 자신의 생각하는 버릇에 '생각 씨'라는 식으로 이름을 붙여 주는 것입니다.

생각해도 별수 없는 일을 자꾸만 생각하게 된다. 친구도 있고 시험도 붙고 아무 문제 없이 살아가는데도 자꾸만 끙끙거리며 부정적으로 생각하게 된다면 '생각하는 병'에 걸려서 '생각 씨'가 늘 따라다니는 상태입니다.

'생각 씨가 또 나왔네.'

'생각 씨, 안녕하세요.'

생각 씨를 피하지 않고 사이좋게 지내다 보면 생각 씨는 조금씩 얌전해집니다. 지나치게 생각하는 버릇이 조금씩 약해집니다.

'생각하면 안 된다. 생각하지 말아야지', '나는 생각이 너무 많아'라고 생각하면 할수록 악순환의 고리는 견고해집니다. 자기 안의 모든 생각을 그냥 그대로 두는 마음가짐을 기억하세요. 너무 많은 생각의 악순환에서 벗어날 수 있습니다.

누군가를 사랑하기가 겁나요

어차피
헤어질 거라면
지금 헤어져요

"누군가를 사랑할 수가 없어요."

"좋은 관계로 지내다가도 언젠가 이 관계가 부서진다고 상상하면 내가 얼마나 상처받을지 두려워져요. 아예 처음부터 좋아하지를 말자, 사랑하지 말자고 마음먹게 됩니다."

이런 고민 상담이 부쩍 늘었습니다. 최근에는 다음과 같은 상담도 있었습니다.

"좋아하는 사람이 있었습니다. 용기 내서 고백했는데 상대가 고백을 받아 줬고 교제를 시작했습니다. 사귀면서 상대가 점점 저를 좋아해 줬어요. 제가 오래도록 마음에 담아 온 그 사람과 사귀게 되다니, 게다가 그 사람이 이렇게 나를 좋아해 주다니 정말로 행복했습니다. 근데 그

때 상상하게 되었죠. '언젠가 이 사랑도 부서지겠지. 끝나겠지' 하고요. 제가 버림받으며 끝날 사랑이라고 생각하니 너무 무서워졌어요. 그래서 헤어지자고 했습니다. 정말 좋아해요. 그 사람을 정말 많이 좋아합니다. 그래서 먼저 이별의 말을 꺼낸 거예요. 결국 헤어졌습니다."

슬픈 일입니다. 좋아하는 사람과 행복한 교제를 하면서도 끝을 상상하고 상처받을 것이 두려워서 이별을 고합니다. 사랑보다 자신이 받을 상처를 회피하는 데 우선순위를 두었습니다. 저는 이를 '상처 회피 증후군', '상처 회피 신드롬'이라 부릅니다.

요즘 20대, 30대는 상처받는 것을 극단적으로 두려워합니다. 상처받을 일을 회피합니다. 그래서 처음부터 사랑을 주고받는 것 자체를 포기해 버립니다. 사랑하지도 사랑받지도 않는 평탄한 나날에 안주합니다.

인정 욕구가 크므로 인정받지 못하는 것, 상처받는 것이 두려워서 피하려고 합니다. '상처받아도 상관없다. 인정받지 못해도 상관없다. 그 너머에 있는 진실한 사랑의 관계를 원한다'라는 굳건한 마음을 가지기 바랍니다. 강철처럼 굳센 마음을 가지기 바랍니다. 그러지 않으면 누구와도 진정으로 사랑할 수 없습니다. 진정한 사랑을 주지 못하고 진정한 사랑을 받지 못하는 인생이라니 너무 쓸쓸하지 않습니까? 인생에서 빼놓을 수 없는 문제입니다. 인정 욕구를 내려놓으세요. 이것이 사랑하기 위한 기초 능력입니다.

'나는 피해자'라는 마음 버릇

다들 나를
함부로 대해서
그래서 내가...

'피해자 신드롬'이라고 불러야 할 현상이 특히 20~30대에서 많이 보입니다. 많은 젊은이가 자신은 피해자라고 생각하면서 상처받고 그 관점에서만 세상을 봅니다. 이처럼 좁은 시야는 세상을 편협하게 인식하고 인생의 질을 떨어뜨립니다.

'나는 피해자다', '나는 상처받았다'라며 무심코 자신을 피해자 입장에 세우고, 피해자의 도식으로 세상을 보는 버릇이 많은 젊은이에게 이미 생겼습니다. 일종의 신드롬이라고 생각합니다. 스스로 HSP라고 말하는 사람도 있습니다. 마치 늘 나는 상처받는다고 말하듯이 자신을 '~당하는 쪽'에 두는 버릇이 있습니다. 대체로 이는 사실이라기보다 그저 마음의 버릇입니다.

트라우마, 어덜트 칠드런임을 깨닫는 것의 의미

유소년기에 트라우마가 되는 경험을 했다고 스스로 인지하는 데는 매우 커다란 의미가 있습니다. 자신이 부모와의 관계에서 정서적 상처를 입으며 성장한 '어덜트 칠드런adult children'임을 깨닫기도 합니다. 느닷없이 호통치고 갑자기 돌변하는 부모의 태도에 늘 마음 졸이던 어린 시절을 떠올리며 알고 보니 난 어덜트 칠드런이었다고 깨닫습니다. 물론 이런 깨달음에도 의미가 있습니다.

부모와 정서적 교류가 없이 자란 사람이 '장을 보러 간 지 다섯 시간이 지나도 돌아오지 않는 어머니를 기다렸다. 어렸을 때 나는 거의 없는 사람 취급을 받았다. 육아 방치 상태였다. 그래서 애착 장애가 생긴 것이다'라고 깨닫습니다. 이 또한 의미 있는 깨달음입니다.

이는 트라우마나 어덜트 칠드런에 대한 인식이 널리 퍼지면서 나타난 득실 중 '득'에 해당합니다. 현재 자신의 고민과 괴로움의 기원이 무엇인지, 어떤 계기가 고민의 근본이 되었는지 알게 됩니다.

지금까지 영문도 모른 채 괴로워했는데 이제는 '아, 그게 트라우마구나', '난 어덜트 칠드런이었구나', '난 애착 장애가 있구나' 하고 알게 됩니다. 고민과 괴로움에 이름이 붙고 형태가 생깁니다. 그 자체로 마음이 한결 편안해지므로 이런 깨달음에는 분명 커다란 의미가 있습니다.

애착 장애 비슷한 사람이 1억 명?

요즘은 애착 장애가 유행이라 해도 과언이 아닙니다. 애착 장애와 어덜트 칠드런 열풍의 공통점은 '과거에 부모에게 사랑받지 않아서 난 행복해질 수 없다'라고 생각하는 것입니다.

애착 장애 그 자체는 의학적으로 진단되는 '정서적 유대attachment'와 관련된 장애입니다. 그런데 진짜 애착 장애는 사실 그리 많지 않습니다. 다만, '애착 장애 비슷한 사람'은 1억 명에 이른다고 할 수 있습니다.

애착 장애 비슷한 사람은 정서적 유대감이 어떤 사정으로 잘 형성되지 않은 사람입니다. 타인과의 거리감을 조절하기 어려워하는 사람, 타인과 거리가 너무 가깝거나 너무 멀어서 적당한 관계를 구축하지 못하는 사람이 스스로를 애착 장애라고 인식하는 것입니다.

애착 장애 관련 책을 읽으면 많은 사람이 스스로 '애착 장애가 아닐까' 하고 생각합니다. 그리고 자신이 왜 사랑하고 사랑받는 데 서투른지 생각하기 시작합니다. 그러다가 뿌리를 거슬러 올라가 부모의 잘못이라는 결론에 이르고 부모를 원망하기 시작합니다.

유소년기 체험을 유난히 중시하는 트라우마 이론에는 커다란 해가 있다고 저는 생각합니다. 백해무익이라는 뜻은 아닙니다. 괴로움의 원인을 깨닫는 계기가 되고 마음이 어느 정도 편해진다는 긍정적 측면이 분명 존재합니다. 트라우마를 깨닫고 나면 처음에는 마음이 편해지지만, 문제는 그 후입니다. '나는 사랑받지 않았다'라는 데 사고가 고정되어 버립니다. 그리고 계속 부모를 원망하는 인생의 틀이 굳어집니다. 변화가 불가능해집니다.

심리학 용어가 고민을 만들어 내다

트라우마, 어덜트 칠드런, 애착 장애라는 심리학 용어는 사물을 보는 방식과 생각하는 방식에 영향을 줍니다. 그래서 이런 심리학 용어 자체가 고민을 만들어 내고 사람을 불행하게 만들기도 합니다. 특정 관점과 사고방식을 그 사람 마음속에 고정합니다.

어덜트 칠드런이라는 말은 눈치를 보며 자란 사람은 불행한 인생의 기본패턴이 몸에 익어 버린다는 도식, 애착 장애라는 말은 사랑받지 못한 사람은 불행해진다는 도식, 그런 마음의 도식을 전제로 합니다. 새로운 용어는 새로운 관점과 사고방식을 제시합니다. 용어는 사물을 바라보는 시각을 내포합니다.

어덜트 칠드런과 트라우마라는 용어는 단순히 용어의 문제로 정리할 수 없습니다. 용어가 널리 퍼지면서 '나는 피해자다', '나는 불행하다'라는 마음 버릇이 사람들 내면에 심어지기 때문입니다. 어느 상황에서든 금세 피해자 역할, 희생자 역할에 빠져서 '그래서 나는 행복해질 수 없다'라고 생각하는 마음 버릇이 생긴다는 부정적 측면이 있습니다.

이런 마음 버릇은 현실의 인간관계에도 영향을 미칩니다. 희생자 역할에 빠지기 쉬운 사람, 상처받았다며 결과적으로 상대에게 책임을 전가하는 사람이 있습니다. 상처받았다고 말하면서 상대를 공격합니다. 상처받았다는 말로 거의 모든 것을 정당화하고 공격의 수위를 점점 높여 갑니다.

상대는 만신창이가 됩니다. 그래도 공격하는 사람은 자신이 정당한 일을 했다고 생각합니다. 이런 상황을 옆에서 보고 있으면 섬뜩하기까지 합니다. 나를 무시했다는 말도 마찬가지로 작용합니다. 자신을 정당화하고 상대방에게 상처 주기 편리한 말입니다. 무서운 말이라고 생각합니다. 다른 사람에게 상처를 주는 흉기 같은 말입니다.

피해자 역할, 상처받는 역할

피해자 역할에 빠진 사람의 상당수는 '저 사람 탓에 나는 행복해질 수 없다'라고 자신을 인생 피해자 측에 두고 그쪽에서만 세상을 바라봅니다. 피해자 역할, 상처받는 역할에 고정되어 그 자리에서 벗어나지 못합니다. '저 사람 탓에 나는 인생을 헛되이 보낸다'라는 도식에 갇혀서 빠져나오지 못합니다. 언제까지나 불행한 나, 상처받은 나인 채로 삶의 형태가 고정됩니다.

게다가 피해자의 관점에서 모든 사물을 보기 때문에 '또 상처받았다', '또 무시당했다', '피해를 보았다', '늘 이런 식'이라며 상처의 이유를 끊임없이 찾습니다. 날조하는 것까지는 아니지만 피해자 관점으로 보는 습관 때문에 실제로 상처받을 일이 많아지기도 합니다.

자기 멋대로 상처받고 상대를 너덜너덜하게 만드는 유형

영화 〈어리고 아리고 여려서〉(2020)는 피해자 역할과 상처받는 역할에 빠지는 현대 젊은이의 모습을 훌륭하게 그려 냅니다. 주인공은 피해자 역할, 버림받는 역할에 점차 빠져들면서 타인의 인생을 엉망으로 만들어 갑니다. 상대가 배반할 생각이 전혀 없는데도 주인공은 '나는 버림받았다'라고 일방적으로 믿습니다. 나는 피해자, 저놈은 지독한 가해자라는 믿음이 자꾸만 커지면서 결국 꺼림칙한 행동을 보이기에 이릅니다.

영화는 대학생들의 이야기입니다. 영화를 보면서 '나도 비슷한 부분이 있는 것 같다', '나도 금세 다른 사람을 저렇게 판단하는 버릇이 있는 것 같다'라고 느끼는 사람이 많았겠지요. 그래서 이 영화가 커다란 반향을 불렀는지도 모릅니다. '유소년기 트라우마', '어덜트 칠드런', '애착 장애'라는 말은 특정 도식을 마음에 심어 놓습니다.

피해자와 가해자로 세상을 보는 마음의 도식입니다. 그 도식으로 다른 사람과의 관계를 보는 버릇이 생깁니다.

무슨 일이 있을 때마다 '나는 또 상처받았다', '나는 또 피해자다', '저 사람 탓이다'라면서 주변 사람에게 상처를 줍니다. 여기서 흉포한 사람은 누구일까요.

상처받았다고 말하는 사람 때문에 아무 죄 없는 사람들이 상처받습니다. 만약 자신이 상처받는 역할에 금방 빠져든다면, 상대의 사소한 태도로 '나는 피해자, 저 사람이 가해자', '저 사람이 내게 상처를 줬다', '저 사람이 나를 무시했다'라고 생각하는 마음 버릇이 있다면 그 버릇을 찬찬히 들여다보세요. 의외로 당신의 인생을 바꾸는 중요한 걸음이 될지도 모릅니다.

마스크를 쓰고 있는 사람은 화난 사람처럼 보인다?

"코로나 시대에 마스크를 쓰는 사람이 많은데 마스크를 쓰고 있으면 화난 사람처럼 보여요"라는 사람이 많습니다. 이런 시각에는 자기 마음의 도식이 투영되어 있습니다. 즉, '자신은 언제나 비난받는다', '나는 피해자다'라는 마음의 틀을 가지고 있어서 상대방이 모두 가해자처럼 보이는 것입니다.

웬만큼 친절하지 않으면 내게 해를 가할 사람, 화난 사람으로 보입니다. 마음의 스키마가 그런 식으로 사물을 보여 주기 때문입니다. 왜 다들 화난 것처럼 보일까요? 마음 안에서 어떤 투영이 일어나고 있는지 어떤 마음 도식이 있는지 자기 내면을 바라봐도 좋겠습니다.

단, 이것을 단순히 한 개인의 문제로는 치부할 수 없는 이유가 있습니다. 많은 사람이 똑같은 마음의 틀을 가지고 있다는 데 주목해야 합니다. "마스크를 하고 있으면 다들 화난 것처럼 보이지 않아?"라고 다른 사람에게 한 번 물어보세요. 그렇게 보인다고 대답하는 사람도 그렇지 않다는 사람도 있겠지요. 그렇게 보인다고 대답하는 사람에게는 같은 마음 도식이 있다는 뜻입니다.

♥

사랑하고 사랑받는 일은 행복해지기 위해

인생에서 가장 중요하고 심오한 주제입니다.

이번 장에서는 인정 욕구와 사랑의 관계를 살펴봅니다.

제4장

왜 누군가를
사랑할 수 없는가

무언가 결핍되어 있다고 느낀다면

왜 사랑할 수 없을까

최근 젊은 층(20대, 30대) 상담 중에는 '왜 나는 사랑하지 못하나'라는 고민이 자주 등장합니다. 왜 진심으로 사랑하지 못하고 사랑받지 못하는가. 아주 중요하고 거대한 주제입니다. 사랑하고 사랑받는 일은 행복해지기 위한 핵심적 요소 중 하나이기 때문입니다.

연인, 결혼 상대, 자녀, 배우자, 형제자매, 배우자의 부모 등과의 관계에서 사랑하고 사랑받는 데 어려움을 느끼는 사람이 늘고 있습니다. 상대방을 왜 더 사랑하지 못하는지 스스로 자책합니다. '가족이니 더 사랑해야 마땅한데', '나의 아이니까 더 사랑해야 하는데'라고 생각하면서도 온전히 사랑하지 못합니다. 소중히 여기지 못합니다. 애정이 가지 않습니다. 자기 아버지 어머니인데도 사랑할 수 없고, 자기 아이인데도 사랑할 수 없고, 자기 연인인데도 사랑할 수가 없습니다. 마치 쇼윈도 부부처럼 허울뿐인 관계라고 느껴집니다.

'사랑하고 싶은데 사랑할 수 없다. 그런 나 자신이 열등한 존재인 것만 같다', '지금 이대로는 인간으로서 소중한 무언가가 모자란 느낌이다'라는 고민을 안고 상담실 문을 두드리는 사람이 많습니다.

이런 고민의 기저에는 '상처받기 쉽다', '그런 상처를 피하고 싶으니 사랑하고 사랑받는 것 자체를 포기해 버린다'라는 인정 욕구와 깊이 관련된 심리가 작동합니다.

사랑하고 사랑받는다는 건 귀찮은 일

왜 사랑하지 못하는 것일까요? 자신을 지키기 위해서입니다. 진심으로 누군가를 사랑하고 사랑받는 데는 어지럽고 번거로운 일들이 따릅니다. 마음이 다칩니다. 저도 적잖은 실연을 겪었습니다. 진심으로 사랑하는 사람에게 버림받으면 누구나 엄청난 상처를 받습니다. 실연 후에는 '나 같은 건 살아 봤자 별수 없다', '나는 이제 존재 가치가 없다'와 같은 기분이 들기도 합니다. 저도 '나는 아무 가치 없는 사람이다. 사랑받을 가치가 없는 사람이다'라고 생각한 적이 있습니다. 실로 귀찮고도 성가신 감정이 진정한 사랑에는 따라옵니다. 아주 번거로운 감정입니다.

'없는 셈 치고' 자신을 지키는 '분리'라는 방어기제

'상처받고 싶지 않다. 더는 상처받고 싶지 않다. 편하게 살고 싶다. 사랑 따위 해봤자 부담스러워질 뿐이다. 귀찮아진다. 그러니 이제 됐다. 그런 건 필요 없다.' 이렇게 생각하는 것도 자연스러운 일입니다.

그래서 많은 사람이 사랑이란 감정을 '없는 셈' 치려고 합니다. 인생에서 사랑하고 사랑받는 성가신 감정, 인정받거나 인정받지 못하는, 얽히고설켜 복잡한 감정을 잘라 내고 싶어 합니다. 없는 셈 치고 싶어 합니다. '그러면 더 살기가 편해질 텐데'라고 생각합니다. 매우 자연스러운 감정입니다.

특히 모든 것이 발전된 편리하고 쾌적한 현대 사회에서는 불쾌한 체험을 견디면서 괴로운 경험을 마음에 남기려고 하지 않습니다. 사랑하고 사랑받는, 상처 주고 상처받는 경험에 동반되는 번거로움을 잘라내고 마치 없는 것처럼 생각하면서 자신을 지키려고 합니다. 무의식 중에 자신을 보호하고자 작동하는 마음 작용, 이른바 방어기제가 발동합니다. 바로 '분리'입니다. 없는 것으로 칩니다. 사랑이라는 너저분하고 성가신 감정을 자신으로부터 잘라 내고 없는 셈 칩니다. 이로써 자기 마음을 보호합니다.

이런 자세는 결코 나쁜 것이 아닙니다. 마음을 다치지 않으며 살아가려는 방편이기 때문입니다. 살아가기 위해 분리라는 방어기제를 우리는 무의식중에 사용합니다. 특히 서른다섯 살 이하의 젊은 세대는 이런 방어기제를 사용하는 데 매우 능숙합니다. 이 시대의 새로운 적응 스타일인지도 모릅니다. 세상을 살아가는 하나의 방편이라고 받아들이면 좋을 듯합니다. 그러니 콤플렉스를 가질 필요는 전혀 없습니다. 사랑도 가능한 한 담담하게 다루고 싶은 것이지요.

사랑하지만
사랑받는 게 무섭다

다음은 상담에서 자주 접하는 사례입니다.

"매우 좋아하는 상대에게 고백해서 사귀게 되었습니다. 정말 행복했어요. 근데 행복은 잠시뿐, 상대가 진지해질수록 점점 두려워졌습니다. 사랑이 점점 커지고 진심으로 사랑받으면 받을수록 두려워졌어요. 나중에 버림받을 순간이 올까 봐 점점 더 두려워지는 거죠."

사랑하고 사랑받는 순간은 매우 행복합니다. 그런데 그 뒤에 버림받을지도 모른다는 불안, 상대가 나에게 질릴지도 모른다는 불안, 상대방이 다른 사람을 좋아하게 될지도 모른다는 불안이 엄습해 옵니다. 그런 미래를 상상하면 너무도 두려워집니다. 더없는 행복을 경험했기에 훗날 닥칠 불행이 더욱 무섭습니다.

지독하게 비참한 결말이 기다리고 있지는 않을까. 무참하게 버려지지는 않을까. 불안하고 두려워서 견딜 수가 없습니다. 그래서 자기가 먼저 이별을 고합니다. 좋아하는 사람과 교제하면서도 이 행복 뒤에 올 상처가 두렵습니다. 이런 이유로 이별을 선택하는 경향이 특히 20대 여성에게서 많이 보입니다. 마음은 이해합니다. 자신의 마음을 지키고 싶은 것입니다.

애착 장애일지도 모른다?

이런 심리의 배경에는 애착 장애라는 문제가 숨어 있

을 가능성도 있습니다. '어렸을 때 부모에게 충분히 사랑 받지 못했다. 부모와 정서적 교류가 없어 적절한 유대감 이 형성되지 않았다. 건강한 애착이 형성되지 않았다'라 는 특징이 있는 사람은 성인이 되어서도 깊은 인간관계 를 피하려는 경향이 있습니다. 이를 '회피'라고 합니다. 자기 마음을 지키는 하나의 방식을 몸에 익힌 것입니다.

또 '탈억제형 애착 장애'라는 형태가 있습니다. 이들은 한 사람과 지속적으로 깊은 관계를 맺지 못합니다. 깊은 관계에서 비롯되는 두려움 때문에 오히려 성적 행위를 중심으로 표면적인 관계만 형성하면서 자신의 마음을 안정시키는 사람도 있습니다.

실제로 애착 장애라고 진단받은 사람은 수 퍼센트에 지나지 않지만, 애착 장애 관련 책을 읽은 사람의 80퍼센 트가 스스로 애착 장애라고 생각합니다. 실제 장애가 없 더라도 많은 사람이 사랑하고 사랑받는 데 어려움을 느 낀다는 의미입니다. 다시 말해, 현대인의 80퍼센트는 사 랑을 두려워한다는 것이지요.

살아가는 방편 중 하나

타인과 깊이 관계 맺기를 두려워하는 것은 병이 아닙니다. 자신을 지키기 위한 방어 작용입니다. 살아가는 방편 중 하나입니다. 마음 편하게 살아가기 위해 깊은 관계, 진정으로 사랑하는 일을 없는 셈 칩니다. 마음을 다해 사랑한 후에 버려지는 비참한 결말을 볼 바에야 사랑 자체를 없는 셈 칩니다.

그런데 사람에게는 사실 더 사랑하고, 더 사랑받고 싶다는 본심이 있습니다. 그렇지만 그 마음이 커질수록 두려운 일이 닥쳐올 것 같아서 그 마음 자체를 그냥 없는 셈 칩니다. 앞서 언급한 현대인의 방어기제입니다.

안심할 수 있는 관계를 되찾다

그렇다면 어떻게 해야 할까요. 이런 사람은 자신의 진심을 다른 사람에게 털어놓는 것 자체를 매우 어려워합니다. 본심을 꺼내 놓으면 상처받게 될까 봐 두려워합니다. 그래서 저는 상담 중 내담자가 안심할 수 있도록 편안한 느낌을 제공하려고 노력합니다. 안심할 수 있는 분위기에서 내담자가 조금씩 자기 마음을 말로 표현하도록 유도합니다. 상당수는 전문가에게조차 진짜 속마음을 털어놓기 어려워합니다. 매우 안심할 수 있는 관계가 되어야 서서히 자신의 본심을 이야기하기 시작합니다.

'본심을 말해도 괜찮네. 아무 일도 안 일어나네'라는 '안심 체험'을 쌓아 가면서 안심하는 감각을 되찾습니다. 우선 상담사와 안심하는 관계를 체험하면 그 뒤에 특정 인과의 관계에서 지속적으로 사랑하고 사랑받는 관계를 구축해 갑니다.

이를테면 좋아하는 상대를 집에 초대했는데 느닷없이 성관계를 요구받지 않고 '당신을 소중히 하고 싶다'라는 말을 듣는 식의 체험을 조금씩 쌓아 갑니다. 그리고 서서히 깊은 자기 긍정감을 찾습니다.

그러면 자연스럽게 '사랑해도 괜찮을까', '사랑받아도 괜찮을까'라는 생각이 듭니다. 진심으로 사랑하고 사랑받는 일을 두려워하는 것은 매우 현대적인 마음 방어법입니다. 저는 이런 방식을 부정하고 싶지 않습니다. 지금까지 열심히 살아갈 궁리를 한 끝에 얻어낸 방어책일 테니까요. 살아가기 힘든 인생을 헤쳐 나가려는 방편이기 때문입니다.

그래도 조금만 용기를 내보세요. 진실한 사랑이 없는 인생은 쓸쓸합니다. 너무도 쓸쓸한 인생입니다. 당신의 인생이 그대로 끝나게 두지 마세요. 당신의 인생이 너무나 아깝습니다. 그러니 안정감을 느낄 수 있는 사람을 찾아 조금씩 당신의 진심을 보여 주세요. 진심을 주고받는 경험을 해보세요. 조금씩 사랑해 보세요. 조금씩 사랑받아 보세요. 아주 작은 용기로 인생을 바꿔 보세요. 당신이 인생을 바꿔 가기를, 당신이 행복해지기를 진심으로 응원합니다.

사랑의 본질에 대한 고찰

보상을 바라는 사랑, 바라지 않는 사랑

　사랑은 무엇일까요. 사랑에 대한 인식은 나이에 따라서도 개인에 따라서도 상당히 차이가 있겠지요. 사랑의 본질에 도달하기까지 저도 꽤 고생했습니다. 괴로움과 쓸쓸함을 어지간히 맛보지 않고서는 도저히 이를 수 없었습니다.

　본질적으로, 보상을 바라지 않는 것이 사랑입니다. 그

렇다면 보상을 바라는 연애, 게임 같은 연애는 사랑이 아닐까요? 저는 이것도 사랑이라고 생각합니다. 진정한 사랑을 원하기에 밀고 당기는 게임이 필요한 것이니까요. 다만, 게임 같은 사랑은 일시적입니다. 정말로 상대를 좋아하면 그런 게임 같은 연애와는 완전히 달라집니다. 자신의 시간, 에너지, 돈, 노력, 상처받는 것까지 모든 일에 개의치 않게 됩니다.

이를테면 자녀에 대한 사랑이 그렇습니다. 최근 아이를 사랑할 수 없다고 고민하는 부모도 늘고 있지만 아이에 대한 사랑은 일반적으로 보상을 바라지 않습니다. 자녀가 아무리 심한 말을 해도 일반적인 부모는 아이에 대한 사랑이 식지 않습니다.

자신의 시간과 에너지를 얼마나 쏟을 수 있는가

진정한 사랑의 두 번째 기준은 돈과 시간을 얼마나 상대방에게 쏟을 수 있는가입니다. 돈이나 시간, 무엇이 더 가치 있는 요소인지는 사람마다 다릅니다. 저는 업무 일정을 빼곡하게 채우는 편이라 바쁜 일과 중에 누군가를 위해서 시간을 할애하는 것이 매우 커다란 의미입니다.

예를 들어, 저는 집필에 굉장한 시간과 에너지를 쏟습니다. 제게 집필은 영혼을 깎는 행위와 같습니다. 이 영혼을 깎는 행위에 들어갈 시간과 에너지를 누군가를 위해 할애하는 것은 제게 사랑을 의미합니다.

시간이라는 것은 누구에게나 평등하고 일정합니다. 죽고 싶지 않아도 누구나 죽기 마련이지요. 이런 관점에서 보자면 시간은 무엇보다 귀중합니다. 저는 지금 59세입니다. 제가 만약 저희 아버지처럼 67세에 세상을 떠난다면 제게 남은 시간은 겨우 8년뿐입니다. 헛되이 보낼 시간이 전혀 없습니다. 이제는 무엇을 위해 시간을 쓸지가 무엇을 위해 돈을 쓸지보다 중요해집니다.

흔히 시간은 금이라고 말합니다. 그러나 앞으로 남은 인생이 8년뿐이라면 금보다 시간이 먼저입니다. 50대 중반을 넘어서면 금보다 시간이 귀중한 재산이라는 사실을 새삼 실감합니다. 제한된 시간과 에너지를 누구를 위해 어떻게 사용할지가 얼마나 중요한 문제인지 깨닫습니다. 귀중한 시간과 에너지를 누군가를 위해 사용하는 것이 바로 사랑입니다.

사랑에 얽힌 네 가지 요소

진정한 사랑은 다음 네 가지 요소와 깊은 관련이 있습니다.

① 시간
② 에너지
③ 돈
④ 상처받을 위험

이 네 가지를 누군가를 위해 기꺼이 사용하는 것이 진정한 사랑입니다. 상대방을 위해서 사용하는 시간과 에너지, 돈이 전혀 아깝지 않습니다. 상처받을 위험까지 감수하는 것, 그것이 진정한 사랑입니다.

반대로 말해서 시간, 에너지, 돈을 쓰는 것이 아깝거나 상처받아도 괜찮다는 생각이 들지 않는다면 아직 진정한 사랑이라고는 할 수 없습니다. 위험을 감수하면 우리는 무언가를 잃습니다. 누군가를 위해 시간, 돈, 에너지를 사용하고 상처받을 리스크를 감수하는 것, 그것이 사랑입니다.

남성의 사랑과
여성의 사랑

『죽음의 수용소에서』의 저자로 유명한 빅터 프랭클은
이런 말을 했습니다.

"살아남은 과거는 사라지지 않는다."

온 마음을 쏟고 살아남은 과거는 사라지지 않습니다.
영원이라는 좌표에 새겨져서 영원히 남아 있습니다.

영원에 새겨지다

예전에 인터넷 라디오에 출연했을 때 주최자가 청중에게 "당신은 누구를 사랑했습니까?"라는 질문을 던졌습니다. 그때 진심으로 사랑했던 사람의 얼굴이 떠올랐습니다.

지금까지 살아오면서 제가 먼저 이별을 고한 적도 있고 상대에게 이별 통보를 받은 적도 있습니다. 진심으로 서로 사랑했던 사람을 위해서라면, 그 사람이 진심으로 곤란해하는 상황이라면 저는 지금이라도 단숨에 달려갈 것입니다. 설령 저를 차버렸던 사람이라도 지금 제 도움이 필요하다면 저는 언제든 달려갈 것입니다.

저는 지금도 사랑합니다. 남자는 계속 사랑을 합니다. 흔히 옛 연인에 대한 마음 차이를 두고 "남자는 다른 이름으로 저장하고 여자는 덮어쓰기를 한다"고 말합니다. 하지만, 진정 서로 사랑했다면 남녀를 떠나 누구든 다른 이름으로 저장하는 것이 아닐까요.

헤어진 이유가 무엇이든 만난 기간이 얼마든 진심으

로 사랑했던 상대는 영원히 마음속에 남는다고 생각합니다. 적당히 순간을 즐기기만 했던 사랑은 시간과 함께 지나가 버립니다. 진정 사랑했던 사람은 영원히 남습니다. 영원의 시간 축에 새겨집니다. 기억의 문제가 아닙니다. 죽은 후에도 남습니다. 프랭클은 영원이라는 좌표에 새겨진다고 말합니다.

애증이 뒤섞인 상대도 있습니다. 죽도록 사랑하고 죽도록 미워한 사람입니다. 이런 사랑도 영원의 좌표에 새겨진다고 저는 믿습니다. 별다른 추억 없이 가볍게 스쳐 지난 사람은 덧없이 사라지는 경험에 지나지 않습니다. 그러나 진심을 쏟아부었던 시간은 영원히 남습니다. 온 힘을 다해 살아남은 과거는 사라지지 않는다는 프랑크의 말에는 심오함이 있습니다. 영원과 한순간은 서로 겹쳐집니다.

일본인은 '한순간=덧없음'이라고 받아들이는 경향이 강합니다. 한편 서양 사상에서는 '영원의 한순간'이라는 개념이 있습니다. '한순간이지만 영원하다. 영원하지만 한순간이다'라는 생각입니다. 무척 심오한 개념입니다.

진정한 사랑은 영원의 한순간입니다. 진심으로 사랑하고 진심으로 미워하고 도저히 어찌할 바 모르는 상태까지 내몰렸던 경험은 영원의 한순간이며 한순간이지만 영원한 것입니다. 오늘날 20~30대도 다르지 않으리라 생각합니다.

사랑의 반대말은 무관심

정신분석적 교육사상가인 알렉산더 니일 Alexander Sutherland Neil은 "사랑의 반대는 증오가 아니다"라고 말합니다. 그렇다면 사랑의 반대는 무엇일까요? 사랑의 반대는 무관심입니다. 사랑과 증오는 표리일체의 관계입니다. 두 감정 모두 방대한 에너지를 사용합니다.

일본의 임상심리학 창시자로 알려진 가와이 하야오河合隼雄 선생님과 대담했을 때 선생님은 이런 말씀을 하셨습니다. "상담에 와서 '저는 상처를 받았어요'라는 사람이 많다. 당연히 상처도 없이 상담으로만 바뀌려 한다면 너무 뻔뻔하지 않은가. 무릇 인생의 변화는 커다란 상처를 동반한다." 정말 그렇습니다. 상처받지 않고 누군가를 사랑하고, 상처받지 않고 인생을 풍요롭게 만들고 싶다는 것은 너무 뻔뻔한 생각인지도 모릅니다.

상처받는 것을 어디까지 감당할 수 있는가

상처받는 것은 사랑의 본질과 관련이 있습니다. '자신이 상처받는 것을 상대방에 대한 사랑으로 얼마나 감당할 수 있는지, 자신의 상처를 얼마나 수용할 수 있는지'에 대한 고찰은 절대 간단하지 않습니다.

진심으로 누군가를 사랑하는데 그만큼 상대가 사랑을 주지 않는다고 느낄 때 사람은 상처를 받습니다. 그럴 때 어떻게 자기 마음을 다스리고 어떻게 다독이면 좋을까요. 상담이나 심리치료는 바로 이런 순간을 위해 존재합니다.

깊이 상처받으면 온몸이 부들부들 떨립니다. 잘못하면

숨이 끊어지기도 합니다. 사랑을 가볍게 생각하는 사람도 있지만 사랑은 자칫하면 사람을 죽일 수도 있는 무거운 주제입니다.

　다자이 오사무는 소설『사양』에서 인간은 사랑과 혁명을 하기 위해서 태어났다고 말합니다. 저는 이 말을 참 좋아합니다. 저도 '인간은 사랑과 혁명을 위해 태어났다'고 믿습니다.

　제가 말하는 혁명은 정당을 부서뜨리는 혁명이 아닙니다. 사상의 혁명입니다. 사물을 보는 방식, 받아들이는 방식이 자연 발생적으로 또는 집단적으로 변해 가는 과정, 심리학을 통한 '내면으로부터의 혁명'입니다. 혁명의 동지와 함께 세상을 바꿔 나가고 싶습니다. 목숨을 걸만한 가치가 있는 것은 사랑과 혁명, 이 두 가지뿐이라고 저는 믿습니다.

두려움이라는 감정을
극복하는 말

사랑에서 오는 상처에 대한 두려움을 극복하려면 어
떻게 해야 할까요. 이때의 핵심은 사랑하는 사람에게 말
로 사랑을 온전히 표현하는 것입니다.

고백은 누가?

예전에 메이지대학 학생을 대상으로 '남성과 여성, 누

가 고백하는 것이 좋을까'에 관해 조사한 적이 있습니다. 그랬더니 여성의 96퍼센트가 '남성이 고백해 주면 좋겠다', 남성의 65퍼센트가 여성이 고백해 줬으면 좋겠다고 답했습니다. 모두 '상대방이 고백해 주기를 바란다'는 대답이 더 많았습니다. 누구나 리스크를 감당하고 싶지 않다는 의미이기도 합니다.

'남학교 출신 또는 여학교 출신이라 이성 친구를 만드는 방법을 잘 모르겠다'라며 이성 친구를 대하는 데 어려움을 느끼는 학생도 있습니다. 이성 관계를 남녀로 나눠 조사했더니 꽤 다른 결과가 나왔습니다. 여성은 남자친구가 있는 사람의 비율이 남녀공학 출신자와 여학교 출신자가 거의 다르지 않았습니다. 양쪽 다 약 40퍼센트는 남자친구가 있었습니다.

한편, 남성은 남녀공학 출신자의 40퍼센트가 여자친구와 교제 중이었지만 남학교 출신자 중 여자친구가 있는 사람의 비율은 겨우 9퍼센트에 그쳤습니다. 특히 남학교 출신인 남성의 고민이 큰 듯합니다. 이들은 자의식이 과도하거나 여성을 어떻게 대해야 하는지 모르는 경우가 많습니다. 긴장된다는 이유로 이성을 대하는 자리를 피하다가 결국 그대로 대학 생활을 끝내기도 합니다. 교제를 시작해 보지도 못합니다. 우선은 아무리 떨리더라도 데이트 신청을 해보는 용기가 필요합니다.

"연애에 서툴러서 도저히 말로 전할 수가 없어요"라고 호소하는 사람도 있습니다. 아무리 그래도 말하지 않고 내 마음을 알아주기를 바란다면 태만하다고밖에 표현할 길이 없습니다. 사랑한다는 마음과 곁에 있어 달라는 마음을 확실하게 말로 표현해야 합니다.

이성에게 관심 없는 사람,
관심이 너무 많아서 탈인 사람

좋아하는 감정이 대체 무엇인지, 사랑이 대체 무엇인지 모르겠다는 사람도 있습니다. 누가 봐도 잘생긴 꽃미남에 머리도 좋아서 매우 인기 있는 한 남성이 고민을 털어놓았습니다. "조금 가까워지면 우선 잠자리를 갖게 돼요. 친해지면 우선 관계를 맺습니다. 이제는 정말로 좋아한다는 감정이 어떤 건지 잘 모르겠어요."

여러 사람과 육체적 관계를 맺다 보면 '좋아한다'는 감각에 무뎌집니다. 다들 귀엽고 재밌고 함께 있으면 즐겁습니다. 모두 좋은 사람입니다. 그러나 누구를 진심으로 좋아하는지 알 수가 없습니다. '어쩌면 누군가를 진심으로 좋아한 적이 한 번도 없는 것인지도 모르겠다'고 그는 말합니다. 저는 일단 아무와도 성관계를 갖지 말라고 조언했습니다. 마음 상태를 '초기 설정'으로 되돌리는 것입니다.

내담자 중에도 누군가를 좋아한다는 것이 무엇인지 모르겠다, 애초에 이성에 관심이 없다는 사람이 증가하는 추세입니다. 선진국 전반에서 발생하는 생물학적 변화일지도 모릅니다. 장기적으로 성별은 무관할 듯하지만, 현재는 남성 쪽에서 이런 변화가 두드러지지 않나 생각합니다. 연애하지 않아도 괜찮다면 굳이 연애하지 않아도 됩니다. 애써 누군가를 만날 필요는 없습니다. 마음이 일지 않는다면 무리할 필요가 없습니다.

이성에 관심이 없다 vs 너무 많아서 곤란하다

이성에 관심이 없는 사람이 늘어나는 한편 오로지 연애만 하는 사람, 성욕이 너무 강한 사람도 적지 않습니다. 관심이 너무 없어서 또는 너무 많아서 문제가 되는 양극단의 경향을 보입니다. 연애에 집착하는 사람 중에는 성욕이 너무 강해서 곤란하다는 사람도 있습니다.

이런 사람에게는 일단 성관계를 멈춰 보기를 권합니다. 그런데 멈추려 해도 멈추지 못한다면 의존증, 이른바 중독을 의심해 볼 수 있습니다. 성욕만의 문제일 때는 일단 멈춰 보면 그 상태에 익숙해집니다. 그런데 성 의존증, 병적 수준일 때는 성관계를 하지 않으면 공허함이 밀려오고 자신이 가치 없는 존재처럼 느껴집니다.

여성에게는 연애 의존증이 많이 나타납니다. 늘 사랑하고 차고 차이는 과정에 있지 않으면 마음이 놓이지 않습니다. 늘 불안합니다. 불안한데도 그만두지 못하는 이유는 사랑하지 않는 나는 무가치한 존재라고 느끼기 때문입니다.

결혼한 커플들의
커뮤니케이션 트레이닝

상담을 진행하다 보면 사소한 변화만으로 부부 관계가 개선되는 경우가 무척 많습니다. 섹스리스로 고민하는 부부에게는 이를테면 이런 제안을 합니다. 조금 가파른 오르막에서 배우자의 손을 잡습니다. 손을 꼭 잡은 채로 30초 정도 함께 걷는 것입니다. 이로써 충분합니다. 이 순간이 성관계 이상의 체험이 되어 극적으로 관계를 개선하는 계기가 됩니다.

'나는 애정 표현을 주고 받기를 바라는데 남편은 도통

표현해 주지 않는다'라고 토로하는 여성이 많습니다. '사랑은 말로 하는 것이 아니다'라는 일종의 어리광이 남성에게는 있습니다. 특히 일본 남성은 의사소통 능력이 전반적으로 부족합니다. 남편이든 남자친구든 여성이 남성을 키우는 수밖에 없습니다. 물론 젊은 층에는 그렇지 않은 남성도 많겠지만 일반적으로 일본 남성은 그렇습니다. 여성이 남성에게 '말로 표현해 주기를 바란다'고 알려 주고 훈련을 거듭하는 방법밖에는 없습니다.

50대 이상인 여성이 남편에게 불만이 있는 경우라면, 안타깝지만 '커뮤니케이션 트레이닝'을 게을리한 경우가 80퍼센트를 넘는다고 할 수 있습니다. 남편을 가르치는 데 소홀했다고밖에 할 말이 없습니다. 불합리하다고 생각할지 모르지만 실제로 훈련이 필요한 상황입니다. '내가 왜 가르쳐야 해? 부부는 대등한 거 아니야?'라고 생각할 수도 있습니다. 다만, 현실이 이러니 어쩔 수 없습니다. 일본 남성의 의사소통 능력을 고려하고 현실을 직시할 때 여성이 남성의 커뮤니케이션 코치가 되는 수밖에는 없습니다.

진심을 전하는 연습

'인생에서 가장 후회되는 순간이 언제입니까?'라고 내담자에게 질문하면 상당수가 상대에게 진심을 제대로 전하지 못한 채 헤어진 순간을 꼽습니다. 죽을 만큼 사랑한 상대에게 이별을 통보받고 자존심 때문에 오기를 부렸던 순간입니다. 사실은 울면서 매달리고 싶었는데 그러지 못했다며 후회합니다. 저의 워크숍에는 인생을 돌아봤을 때 이렇게 말했다면 좋았을 텐데 하고 생각하는 말 1위를 꼽아 연습해 보는 시간이 있습니다.

① 두 명이 한 조가 되어

② 지그시 상대의 눈을 바라보고

"가지 마. 여기 있어 줘."

"곁에 있어 줘. 내 곁에 있어 줘."

진심을 담아 말하는 연습을 합니다. 제대로 말하고 제대로 매달려 보고 그래도 어쩔 수 없다면 포기가 됩니다. 그런데 상대에게 이별을 통보받았을 때 진심으로 매달려 보지 못하면 평생 후회로 남습니다.

갑자기 상황이 닥쳐오면 좀처럼 말할 용기가 나지 않습니다. 평소에 연습해 두지 않으면 진짜 필요한 순간에 이런 말을 건네지 못합니다. 후회를 남기지 않기 위한 연습입니다.

이혼,
정말 하고 싶습니까?

황혼이혼은 특히 50대와 60대에서 많이 나타납니다. 자녀가 성인이 되면 부부 둘이서만 지내는 시간이 늘어납니다. 이때 문득 '이 사람이 이런 사람이었나?', '우리가 이렇게 껍데기뿐인 관계였나?' 하고 깨달으면서 이혼을 생각하기 시작하는 사람이 많습니다.

젊은 세대에서 이혼을 고려하는 시점은 주로 결혼 4년 차입니다. 연애라는 감정은 기본적으로 3~4년밖에 지속되지 않습니다. 연애 감정이 식으면 '이 사람 좀 이상한

데?'라는 생각이 들어 이혼하는 부부가 적지 않습니다. 결혼 생활이 길어지면 '애정이 아니라 그냥 정으로 산다'는 사람도 있습니다. '정'은 관계를 지속하는 요소로 충분합니다. 이혼하는 부부 사이에는 정조차 없습니다. '이대로 이 사람이랑 계속 사는 건 끔찍하다'고 생각하기에 이혼을 결심하는 것이지요.

신뢰 관계를 되돌리는 2주 레슨

제가 진행하는 이혼 방지 상담에는 이런 프로그램이 있습니다.

① 우선 상담사가 아내 또는 남편 어느 한쪽의 생각을 10분 정도 듣습니다. 파트너는 아무 말도 하지 않고 듣기만 합니다. 중간에 끼어들지 않습니다.
② 다음으로 상담사가 반대쪽의 마음을 10분 정도 듣습니다. 말을 끊지 않습니다. 이것을 2회 반복한 뒤에

③ 약속하는 시간을 가집니다. 서로 '이것만은 지켜 주길 바라는 것'을 하나씩 정하고 약속합니다.

확실히 지킬 수 있는 약속, 무리하지 않아도 가능한 약속 한 가지를 정하고 매일 함께 확인합니다. '오늘도 약속을 지켰다', '당신도 지켰다', '나도 지켰다' 하고 이야기를 나눕니다. 이런 시간을 2주간 가져 보면 신뢰 관계가 회복됩니다. 이 사람과 관계를 조금 더 이어 가도 괜찮지 않을까 생각하게 됩니다.

사랑인지 집착인지
모르겠다면

'과거에 아픈 사랑을 했지만 지금은 새로운 연인이 있다. 그런데도 예전 사람이 계속 생각난다. 예전 사람에게 그저 집착하는 건지 그 사람을 아직도 사랑하는 건지 내 마음을 나도 잘 모르겠다'고 고민하는 사람이 있습니다. 지난 연인에 대한 감정이 사랑인지 집착인지 자신도 알지 못하는 경우입니다.

사실 구분하기는 어렵다

옛 연인에 대해 접지 못한 마음은 사랑일까요? 아니면 집착일까요? 사랑일 수도, 집착일 수도 있습니다. 원래 집착과 사랑은 구분할 수가 없습니다. 정말로 사랑하는 사람에게는 어느 정도 집착하는 부분도 나타납니다. 사랑과 집착을 딱 잘라 구분하기는 어렵습니다. 이럴 때는 너무 고민하지 말고 옛 연인에 대한 마음을 그저 그대로 두기를 권합니다.

'아직 좋아하나? 마음은 아직 그 사람에게 있나?'라는 생각을 그저 그대로 둡니다. 그렇게 두고 지금의 상대를 진심으로 대합니다. 그러다 보면 어느샌가 '아, 이 사람을 훨씬 더 좋아하는구나' 하고 문득 깨닫는 순간이 찾아오기도 합니다.

무리해서 잊으려 하거나 "미안해. 아직 지난 사람을 잊지 못해서 너와 헤어져야겠어"라며 무언가 하려고 애써 노력할 필요가 없습니다. 잊으려고 하면 할수록 잊을 수 없습니다. 집착을 지우려고 하면 할수록 집착은 더욱 강해집니다. '마음 비우기clearing a space'라는 방법을 적용해야 합니다. 그저 그대로 두는 것입니다. '내가 아직도 좋아하는구나', '어떻게 해도 그 사람 생각을 하게 되네' 하고 있는 그대로 받아들일 때 집착은 적어지고 잊게 될 가능성도 커집니다.

마지막으로 한마디 덧붙이자면, 상처받는 것을 두려워하지 않는 사랑의 용사가 되세요. 상처받는 것을 두려워하지 말고 진심을 담아 사랑을 고백하세요.

사랑의 용사가 되십시오.

분명 잘 될 거예요.

행운을 빕니다.

인정 욕구가 강한
청소년에게

저는 종종 중고생을 대상으로 강연을 합니다. 학교 체육관 등에서 전교생을 대상으로 강연할 때가 많습니다. 종종 전국 각지 학교에서 '게슈탈트 기도문'을 노래합니다. 프리츠 펄스Fritz Perls라는 독일 정신과 의사가 쓴, 자유로운 삶의 정신을 표현한 시입니다.

나는 당신의 기대에 부응하기 위해 이 세상에 태어난 것이 아니다. 당신도 나의 기대에 부응하기 위해 이 세상에 태어난 것이 아니다.

당신은 당신.

나는 나.

만약 우리가 만난다면 그것은 근사한 일.

만약 만나지 않는다면 그것은 어쩔 수 없는 일.

　이런 시입니다. 청소년에게 맞게 살짝 수정한 버전을 다 같이 복창합니다. "나는 부모의 기대에 부응하기 위해 태어난 것이 아니다! 나는 나. 부모는 부모. 내게는 내 인생이 있다. 부모에게는 부모의 인생이 있다"라고 소리 내서 말합니다. 이 시를 통해 부모의 기대를 저버려도 된다는 것을 배웁니다.

　리스트컷 증후군wrist-cut syndrome인 아이는 대부분 부모가 멋대로 정한 기준과 기대에 부응하지 못해서 괴로워하는 아이들입니다. 저는 게슈탈트 기도문을 통해 '부모의 기대에 부응하지 못해도 된다. 자립하기 위해 부모의 기대를 저버려야 할 순간도 있다'라고 전합니다.

◆

간단한 훈련으로 확실한 변화가 나타납니다.

꼭 도전해 보세요.

제5장

인정 욕구를 내려놓는
9단계 자기 성장 프로그램

마음 근육 만들기

인정 욕구를 내려놓는
9단계 자기 성장 프로그램

이번 장에서는 인정 욕구를 내려놓기 위한
9단계 프로그램을 제시합니다.

---

1   주 1회 30분 동안 카페에서 아무것도 안 하는 시간을
    만들고 자신을 돌아본다. 내면의 불편함과 공허함을
    마주한다.

2   두 가지 인생 중 하나를 택한다.

3   '타인에게 인정받지 못하면 내게는 가치가 없다'라는
    그릇된 신념을 인지한다.

4   잘못된 믿음을 스스로 깨부순다.

5   1만 회 트레이닝으로 자신을 역세뇌한다.

6   마음 동굴에서 고독한 시간을 가진다.

7   자기 내부 깊숙한 곳의 감각. 내부 감각에 따른다.

8   사명과 천명을 찾는다.

9   새로운 방식으로 세상을 만난다.

내 안의
공허함 마주하기

타인의 눈에 비친 나로 살려고 하는 내 마음의 움직임을 의식한다

첫 번째 단계는 주 1회 30분 정도만 있으면 가능합니다. 카페에 가서 아무것도 하지 않고 멍하니 자신의 내면을 들여다보는 것입니다. 자기 내면의 공허함에 의식을 집중해 봅니다.

자신은 평범하게 살고 있다고, 다른 사람도 나와 다르지 않다고 생각합니다. 자기 삶이 지극히 평범하고 이와는 다른 방식이 있다고는 생각하지 못하는 상태입니다. 평범하게 살고 싶어서 그 틀에서 벗어나지 않습니다. 그

런 자신의 존재 방식을 곰곰이 음미하는 시간을 가져 보는 것입니다. '지금 이대로 살아도 되나' 찬찬히 생각하다 보면 문득 깨달음이 찾아올지도 모릅니다. 남들 시선에 신경 쓰고 분위기를 살피며 세상의 평가에 연연하며 살아왔습니다. 계속 이런 식으로 살아왔기에 다른 삶의 방식은 전혀 상상도 하지 못합니다. 타인의 눈에 비친 나를 더욱 빛내고 싶어서 여념이 없습니다.

하지만 가끔 너무나 지칠 때가 있습니다. 남들이 보는 나를 빛내기 위해서는 늘 자신과 타인을 비교할 수밖에 없습니다. 누가 더 낫고 못한지 끊임없이 비교하므로 마음이 쉴 틈이 없습니다. 타인이 나보다 더 잘난 사람 같고 자신은 가치 없는 인간처럼 느껴지기도 합니다.

설령 지금은 주변 사람보다 우위에 있는 듯해도 더 높은 곳이 있는 법입니다. 게다가 우위를 유지하기란 무척 지치는 일입니다. 세상이 언제 등을 돌릴지 모릅니다. 언제 외면당할지 버림받을지 모릅니다. 불안이 가시지 않습니다.

세상의 눈에 비친 나로서 살아가는 한 자신의 가치는

늘 타인과 세상이 정합니다. 자신의 내면을 가만히 들여다보면 이런 불안정한 존재로서의 자신이 또렷하게 보이기 시작합니다. 지금 나는 타인의 눈에 비친 나일 뿐 진정한 내가 아니라는 것을, 알맹이가 없는 존재라는 것을 깨닫습니다. 누구의 것도 아닌 그저 일반적인 인생을 표류하듯 살고 있음을 알게 됩니다. 좋든 싫든 그런 자기 존재의 실상을 직면하면 내면의 공허함을 인정할 수밖에 없습니다. 진실에서 눈을 돌리지 말고 의식을 집중하는 것, 이것이 자기 성장의 첫걸음입니다.

선택하기

타인의 평가에 연연하며 세상 사람들의 눈치를 보는 불안한 인생과
진정한 자신의 인생, 조건 없는 절대적 안정이 있는 인생 중
어느 쪽의 인생을 살지 결단한다

자기 내면의 공허함을 인정할 수밖에 없는 당신에게
선택의 순간이 왔습니다.

A. 겁내며 불안에 떠는 지금의 인생을 그대로 이어간다.
B. 자신을 변화시키는 수행 후 조건 없는 안정 속에서 살아간다.

둘 중 하나를 선택하는 결단이 필요합니다. 어느 쪽도
선택하지 않겠다는 것은 실질적으로는 A. 지금 상태로

있기를 선택하는 것입니다. 인정 욕구나 자존 욕구에 지배당하는 삶에서 벗어나 자신을 바꾸는 일은 결코 쉽지 않습니다. 철저한 자기 변화를 위한 수행은 죽음과 부활에 필적할 만큼 고된 일입니다. 지금까지의 자신은 사라지고 새로운 모습으로 다시 태어나는 엄격한 수행입니다. 사람은 그냥 내버려 두면 어느샌가 예전 모습으로 되돌아갑니다. 기필코 나 자신을 바꿔 보겠다는 결연한 의지 없이는 다음 단계의 문이 열리지 않습니다.

얇은 나뭇잎 한 장이 둥둥 떠다니는 모습을 머릿속에 그리고 나뭇잎에 자신을 겹쳐 봅니다. '이것이 나다. 다른 누구의 것도 아니고 진짜 내 것도 아닌 일반적인 인생을 그저 둥둥 떠다니듯 살고 있다. 텅 비어 있다'라는 말이 새어 나올지도 모릅니다.

주변의 눈치를 살피면서 '괜찮아 보일지', '미움받지 않을지', '외면당하지 않을지', '무시당하지 않을지' 전전긍긍하는 사람의 모습을 떠올리면서 자기 자신과 겹쳐 봅니다. '더는 싫다! 이대로 사는 것은 싫다!'라는 생각이 든다면 지금 자신과의 결별을 결심할 때입니다.

내 안의
그릇된 믿음을 깨닫는다

타인에게 인정받지 못하면 난 가치 없는 사람이다?

세 번째는 '타인의 인정을 받지 못하면 내게는 가치가
없다'라는 자신의 그릇된 신념을 깨닫는 일입니다. 합리
적 정서행동치료rational emotive behavior therapy, REBT 라는 심
리요법을 고안한 앨버트 엘리스는 사람의 사고 · 행동 ·
감정을 속박하는 것은 무의식중에 몸에 익힌 믿음(잠재
적 신념)이라고 생각했습니다.

특히 사람을 얽매고 속박하는 믿음은 ① '타자로부터
인정받거나 사랑받지 않으면 내게는 가치가 없다'라는

믿음, ② '실패하면 끝이다. 아무 가치가 없다'라는 믿음입니다. 이런 비합리적이고 사람을 불행하게 만드는 믿음을 비합리적 신념이라고 했습니다. '타인에게 인정받지 않으면 살아가지 못한다'라는 비합리적 신념은 인정 욕구와 직결됩니다. '남에게 인정받지 못하면 내게는 아무 가치가 없다. 세상에서 외면당하면 살아갈 수 없다'라는 믿음이 당신에게도 있지 않습니까? 자기 안의 비합리적 신념을 깨닫는 것이 세 번째 단계입니다.

비합리적 신념을 적어 본다

'타인에게 미움받으면 살아갈 수 없다'

'세상에서 외면당하면 살아갈 수 없다'

'타인에게 인정받지 못하면 내게는 아무 가치가 없다'

자신이 안고 있는 비합리적 신념을 적어 보세요.

자신의 비합리적
신념을 논파한다

자신의 비합리적 신념을 논리적으로 반박한다

네 번째는 신념을 수정하는 단계입니다. 우선 지금 자신이 믿고 있는 비합리적 신념을 바로잡아 봅니다. 자기가 안고 있는 비합리적 신념을 떠올리고 자기 생각을 스스로 수정하는 단계입니다.

대상은 다음과 같은 신념입니다. 비합리적인 신념을 파괴하고 그 잘못된 믿음을 대체할 진실을 적어 보세요.

• 타인에게 인정받지 못하면 자신에게는 가치가 없다.

_____

• 타인에게 외면당하면 살아갈 수 없다.

_____

자신에게 딱 맞는 말을 찾아보세요. 이를테면,

'타인이나 세상에서 외면당해도 살아가지 못하는 것은
아니다.'
'내게는 나만의 가치가 있다.'
'세상 누구에게 미움받든 살아갈 수 있다. 내게는 나의
가치가 있다. 마음껏 미워해라. 난 상관없다.'

이런 말이 단번에 와닿을 수도 있지만 잘되지 않는다
면 마음 어딘가에서 변화를 두려워하고 있다는 뜻인지도

모릅니다. 변화에 대한 저항이 강해서일 수도 있습니다. 마치 남의 이야기처럼 즐기는 느낌으로 접근하는 것이 요령입니다. 래퍼가 되어 랩을 하듯이 그릇된 신념에 반박해 보세요. 한번 해보면 의외로 쉽고 재밌습니다. 어떤 방법으로든 자신에게 딱 맞는 말을 선택하는 것이 중요합니다.

자신에게 딱 맞는 말을 찾으면 ① 일어서서 ② 주먹을 쥐고 정면에 찌르듯이 내밀고 ③ 큰 소리로 ④ 하루에 50번 그 말을 외칩니다. '저녁 먹기 전'처럼 기억하기 쉬운 시간을 정해 둡니다. 매일 같은 시간에 50번씩 소리 내서 말합니다. 이를 습관으로 만들면 그 말이 서서히 자신의 믿음으로 자리 잡아 갑니다.

1만 회 트레이닝으로
자신을 역세뇌한다

1만 회 트레이닝으로 미움받아도 개의치 않는
강한 자신을 만들어 가기

다섯 번째 단계는 '자신을 역세뇌하기'입니다. 타인의 시선이라는 속박에서 벗어나기 위해 제가 실제로 수행했던 1만 회 트레이닝입니다. 팔굽혀펴기나 윗몸일으키기와 같은 근력 훈련이라고 생각해야 합니다. 마음 근육을 강하게 만드는 근력 훈련이므로 반복이 핵심입니다. 반복하지 않으면 효과가 없습니다.

하나, 우선은 이미지 트레이닝입니다. ① 하루 열 명, 미움받고 싶지 않은 사람의 얼굴을 떠올리면서 ② 자리에서 일어나 ③ 주먹을 꽉 쥐고 ④ "나는 당신에게 미움받아도 상관없다. 당신이 미워해도 잘 살 수 있다. 미워할 테면 마음껏 미워해라!" 하고 큰 소리로 말합니다. ⑤ 50회 반복합니다. 한 명당 50회, 열 명 반복합니다. 1일 총 500회 외칩니다.

둘, 어느 정도 익숙해지면 ① 실제 그 사람 앞에서 ② 마음속으로 주먹을 쥐고 ③ 그 사람의 눈을 보면서 ④ 마음속으로 '나는 당신에게 미움받아도 상관없다', '당신한테 미움받아도 잘 살 수 있다'라고 강하게 ⑤ 50회 되뇝니다. 하루에 열 명, 한 명당 50회 반복합니다. 합계 1일 500회입니다. 이것을 20일 반복하면 1만 회입니다.

저는 트레이팅을 시작하고 20일이 지날 즈음부터 타인의 시선에서 조금씩 자유로워졌습니다. 정말로 '남들이 어떻게 생각하든 상관없다'라는 생각이 들기 시작했습니다. 이것은 마음 근육을 기르는 기초 트레이닝이므로 매일 반복하는 것이 무엇보다 중요합니다.

저는 대학생 때 프로레슬링 동아리에서 활동했는데 이런 활동이 부끄러움을 이겨내는 데 도움이 되었습니다. 처음에는 부끄러웠습니다. 사람들 앞에서 맨살을 보이고 그 상태로 사람들에게 즐거움을 주는 일이니 말입니다. 그러나 시간이 갈수록 저도 점점 즐거워졌습니다.

타인의 시선에 얽매여 있다는 느낌이 든다면 연극이나 콩트에 참여해 보기를 추천합니다. 다른 이에게 즐거움을 주는 엔터테이너가 되어, 기쁨을 주는 기쁨을 느껴 보세요. 타인의 눈을 신경 쓰는 인생에서 타인에게 기쁨을 주는 데 쾌감을 느끼는 인생으로 삶의 수준을 올려 봅니다. 아무리 머리로 생각해 봐도 바뀌지 않습니다. 부끄러워지는 체험을 해보세요. 다른 사람을 기쁘게 만드는 부끄러움입니다. 시도해 보지 않기엔 아까운 경험입니다. 당신이 좋아하는 일로 다른 사람에게 기쁨을 선사해 보세요.

40~60대가 되어도 인정 욕구 때문에 괴로워하는 사람이 있습니다. 사람은 언제든 달라질 수 있습니다. 나이와

는 상관이 없습니다. 자신의 본래 모습으로 돌아갈 수 있습니다. 누구나 이 책을 읽는 시점부터 바뀔 수 있습니다. 모든 것의 기본은 1만 회 트레이닝입니다.

약간 다른 순서의 접근법도 있습니다. 제8단계 사명과 천명을 먼저 깨닫는 것입니다. 인생에서 꼭 이루고 싶은 일을 발견함으로써 '이 목표를 위해서라면 남들이 나를 어떻게 보든 관계없다'라고 생각하게 되는 경우입니다. 우선 사명과 천명을 찾은 후 목표로 가는 방해물을 없애기 위해 1만 회 트레이닝으로 타인의 시선에 개의치 않는 견고한 마음을 구축하게 됩니다.

또는 보편타당한 절대가치라는 이데아, 참된 무언가를 얻고 싶다는 확고한 신념을 세운 후에 그것을 위해서라면 타인의 미움 따위 기꺼이 감수하겠다 각오하는 순서로 진행할 수도 있습니다. 여기서 참된 무언가는 진정한 사랑이 될 수도 있습니다. 진정한 사랑을 얻기 위해서라면 누구에게 미움받든 상관없다는 각오가 생깁니다. 정말 소중한 것을 위해서라면 미움받아도, 인정받지 않아도 개의치 않는 군건한 마음이 생깁니다.

　길은 여러 가지입니다. 어떤 순서로 진행하든 흔들리지 않고 튼튼한 마음 근육을 얻을 수 있으면 됩니다. 자신이 할 수 있는 일부터 시작해 보세요.

이미지 트레이닝

① 미움받고 싶지 않은 열 명의 이름 적어두기.

② 똑바로 서서 한 사람씩 떠올리며 주먹을 쥐고
　"나는 당신에게 미움받아도 상관없다"라고 크게 외치기.

③ 처음에는 1일 두세 명, 익숙해지면 1일 열 명씩 해보기.
　한 사람당 50회로 1일에 500회까지 외치기.

마음의 빈 곳을
인식한다

텅 빈 마음 동굴에 들어가 고독을 느낀다

제6단계에서는 '마음의 빈 곳'을 인식합니다. 지금까지 타인의 인정을 바라며 노력해 온 사람은 타인 중심으로 살아온 사람입니다. 타인의 잣대로 자신을 재단할 뿐만 아니라 세상 사람 눈에 비친 내 모습에 연연하는 나로서 살아왔습니다.

그런데 자기 성장 프로그램으로 기존의 존재 방식에서 벗어나면 자기 마음이 텅 비었다는 것이 느껴지기 시작합니다. '어떻게 해야 하지?', '나는 누구지?', '그래서 뭐? 그래서 뭐? 그래서 뭐?'라고 생각하게 됩니다.

타인 눈에 비친 나로서의 존재 방식을 부수고 나니 자신의 공허함을 직면할 수밖에 없습니다. 어찌할 바 모르고 아무것도 없다는 사실에 압도된 채 시간을 보냅니다. 이때 도망치지 않고 자신의 공허함을 인정하는 것이 가장 중요합니다. 텅 비지 않으면 정말로 소중한 것이 들어올 수 없습니다. 이 작업은 제7단계 깊은 내면의 감각을 느끼는 일과도 긴밀하게 연결됩니다.

휴일에는 일정을 빼곡하게 채워 기분 전환을 한다며 자기 마음을 얼버무리려 하지 말고 잠시만 멈춰 봅니다. 잠시 멍하게 있는 시간을 가져 보세요. 자기 안의 공허함을 느껴 봅니다. '텅 비었구나. 지금까지 계속 비어 있었구나' 하고 말해 봐도 좋습니다.

'이제껏 타인의 잣대로 살아왔다면 이제 자기 기준으로 살아가면 되는 문제 아닌가?'라고 생각할지도 모릅니다. 그런데 그리 간단하지 않습니다. 이른바 자신의 축으로 살아가는 데는 자존 욕구라는 배경이 깔려 있습니다. 자신의 축으로 살아가는 것은 자존심을 중심축으로 삼고 살아간다는 말이기도 합니다.

　그리고 자존 욕구, 즉 자기 인정 욕구는 타인의 인정을 바라는 욕구와도 직결됩니다. 자존심과 타인에게 인정받는 감각은 따로 떼어 놓기가 어렵습니다. 자기중심, 자신의 축은 금세 타인의 시선과 뒤섞이고 맙니다. 제6단계에서는 이런 내면의 움직임에 의식을 집중해 봅니다. 자존심에 인정 욕구가 섞여 있다는 사실을 있는 그대로 받아들이는 것입니다.

내부 감각을 따르기

확고한 근거, 몸속 깊은 곳의 감각을 의식한다

자기 마음이 텅 비었다는 것을 인식한 후에는 무엇에 의지해서 살아가야 할까요. 우리는 몸속 깊숙한 곳의 감각에 집중할 필요가 있습니다. 자신의 가치관(자신의 축)이 아직 확고하지 않고 잠정적 기준임을 깨달으면 더욱 확고한 기반을 원하게 됩니다.

이때 머릿속 사고보다 몸속 깊은 곳의 감각, 즉 내부 감각이 한층 확실한 지침을 줄 수 있습니다. 생각해서 만들어 낸 가치관은 잘 따져 보면 다른 누군가에게 빌려 온

인공물에 가깝습니다. 자기 내부로 직결되는 몸의 느낌, 내부 감각은 훨씬 확실하고도 생생한 것입니다.

심리학자 칼 로저스는 상담에서 '주변의 기대에 부응하는 것을 멈추고 점차 자기 내부의 감각을 따라 살아가게 되는 내담자들의 변화'에 주목했습니다. 사람은 자기 몸속 깊은 곳의 감각, 내부 감각을 민감하게 감지하며 살아갈 때 '진짜 자신'을 되찾습니다. 자신의 내부 감각을 따라 살아갈 때 사람은 누구의 것도 아닌 인생을 표류하는 것에서 벗어나 '오롯이 자기 인생을 산다'고 실감합니다. 앞으로 자신이 어떻게 살아가야 할지 진지하게 모색해 갈 기반을 얻었다는 느낌입니다.

제6단계, 제7단계에서는 일단 세상과의 연결을 끊어 봅니다. 타인과 연결되지 않고 한동안 자신만의 고독에 잠겨 봅니다. 한동안은 집에만 머물면서 일주일에 한 번 상담사와 만나는 생활을 해봐도 좋습니다. 가능한 한 타인과 만나지 않습니다. 지금까지의 자신을 내려놓고 몸속 내부 감각을 되찾는 데 필요한 과정입니다.

내부 감각이 무엇인지 잘 모르겠다면 다음을 연습해 보세요.

◇ 소중한 사람에게 마음을 전하는 편지를 씁니다. 그리고 다시 읽어 봅니다. 그러면 '정확히 표현할 수는 없지만 뭔가 다른 느낌', '말로는 전해지지 않는 위화감'이 있습니다. 이것이 내부 감각입니다. 내부 감각에 따라 다시 편지를 써봅니다.

◇ '나는 아무것도 신경 쓰지 않는다. 나는 지금 완벽하게 괜찮다'라고 자신에게 말합니다. 뭔가 표현하기 힘든 어쩐지 조금 불편함 같은 감각이 내면에서 피어납니다. 이것이 내부 감각입니다.

◇ 카페에서 아무 메뉴나 주문해 봅니다. 음료를 마셔 보니 '이건 아니다'라는 느낌이 드나요? 이것이 내부 감각입니다.

이미 형성된 패턴의 자동적 사고로 살아가는 인생을 멈추려면 이런 내부 감각을 되찾고 내부 감각에 근거해서 판단할 필요가 있습니다. 내부 감각을 따라 살아가는 것입니다.

다음을 연습하며 생활 속에서 자신의 내부 감각을 느껴 보세요.

◇ 앞으로 10년을 어떻게 살아갈지 머릿속으로 계획을 그려 봅니다. (예: 연 수입 1천만 엔을 목표로 한다, 결혼한다, 아이를 낳는다.)

◇ 이제 머리가 아니라 몸속 깊숙한 곳은 그 계획을 어떻게 느끼는지 알아봅니다. 몸속 깊숙한 곳에서 보내는 대답에 귀를 기울입니다.(예: 수입에 연연하기보다 느긋하게 내 페이스대로 살고 싶다. 혼자 내 나름의 속도로 살고 싶다.)

◇ 현재 고민거리에 대해 머리로 생각하는 것을 멈추고 몸속 깊은 곳의 감각에 집중합니다. 내부 감각은 머리보다 현명한 답을 알고 있습니다.

사명과 천명을 깨닫는다

더 높은 차원의 시선을 느끼며 살아간다

'타인의 평가 따위 상관없다. 미움받아도 상관없다. 인정받지 못해도 상관없다.' 이런 마음 자세는 자기 자신을 위해 살아갈 때는 얻을 수 없습니다. 자신의 사명과 천명을 위해 살아갈 때 비로소 흔들리지 않고 굳센 마음이 생깁니다.

빅터 프랭클은 "자기 인생의 사명과 천명을 깨닫는 일만큼 인간의 정신을 높은 수준으로 끌어올리는 것은 없다"라고 말합니다. 자신의 사명과 천명에 눈뜨고 인생에서 이 일만큼은 해내야 한다는 사명감이 불타오를 때, 인간은 '남들이 나를 어떻게 보든 상관없다. 세상을 적으로 돌려도 상관없다'는 강인함을 발휘합니다. 사명과 천명을 향해 집중할 때 타인의 평가 따위는 개의치 않게 됩니다. 시간의 흐름, 하늘, 신, 무한과 같은 위대한 존재의 시선을 느끼며 살게 됩니다.

타인의 눈에 비치는 자신의 모습에 연연하고 배제당하는 것을 두려워했던 사람이 사명과 천명을 깨달으면 세상을 더 높은 차원에서 바라보게 됩니다. 위대한 존재의 시선을 느끼며 살아가기에 어떤 것에도 좌우되지 않는 확고한 존재 방식이 생깁니다. 타인의 오해와 비방을 단호하게 털어 내는 강인한 정신력을 지니게 됩니다. 초월적 차원에 연결되면 인정 욕구는 약해집니다.

다른 방식으로
세상과 연결하기

자기 내부와 긴밀히 연결되어 있으면 기존 패턴을 벗어나 사물을 바라보게 됩니다. '하늘', '신', '무한', '거대한 시간의 흐름(역사)'이라는 위대한 존재와 연결된 확고한 중심축을 얻습니다. 자신의 사명과 천명을 깨닫습니다. 자기 성장 프로그램의 마지막 단계는 '세상과 다시 연결하기'입니다.

타인의 시선과 평가에 연연하기를 멈춥니다. 하늘과 신, 위대한 존재의 시선을 느낍니다. 타인의 눈에 비친 나로 살아가기를 멈춥니다. 하늘과 신, 위대한 존재의 눈으로 자신을 봅니다. 매일 한결같이 사명과 천명을 향해 나아갑니다. 이로써 모든 날이 하늘의 부름, 즉 위대한 존재의 부름에 응하는 순간이 됩니다. 이때 사람은 한없이 강해집니다. 마음이 단단해집니다.

인정 욕구를 내려놓는 마지막 방법

'인정 욕구를 간단히 떨쳐 낼 수 없을까요?'라는 질문을 받으면 저는 이렇게 답합니다. "프라이드를 버리세요." 날마다 자기에게 주어진 사명과 천명에 몰두할 때 우리는 위대한 존재와의 연결을 실감할 수 있습니다.

이 책의 독자 중에는 분명 모범생 타입이 많으리라 생각합니다. 열심히 노력해서 인정받기를 바라는 사람, 타인에게 인정받고 싶은 동시에 인정받지 않아도 된다고 생각하는 사람일지도 모릅니다.

인정받고 싶어서 노력하면서도, 인정받지 않아도 상관

없다는 생각 또한 강한 이중적 사고입니다. 이를테면 저도 논문을 쓰고 타인의 인정받을 받아야 하는 상황이 있습니다. 학계도 꽤 평가가 엄격한 사회입니다. 다른 사람에게 논문을 평가받고 심사에 떨어지기도 합니다. 그럴 때 '나의 심오한 주장을 당신이 어찌 알겠나. 알아줄 사람만 알아주면 된다'고 생각합니다.

여기서 프라이드와 자기 긍정감의 차이가 나타납니다. 진정한 자기 긍정이란 타인의 평가에 좌우되지 않는 자기 긍정을 의미합니다. 이와 달리 프라이드는, 즉 흔히 말하는 자존심은 표면적인 것입니다. 타인에게 인정받아서 얻은 표면적 자기 긍정은 버리는 편이 낫습니다.

저는 프라이드가 없습니다. 자존심 같은 건 버리고 삽니다. 다만, 깊은 자기 긍정감은 온전히 가지고 삽니다. 프라이드는 버리고 진정한 자기 긍정을 할 줄 아는 마음 구조가 인생에는 필요합니다. '자기 긍정감 100퍼센트, 프라이드 제로'는 매우 중요한 부분이므로 다음 장에서 자세히 살펴보겠습니다.

ω

세상만사를 그저 담담하게 긍정하는 경지에 이른다.

자아 찾기 여행의 끝에는 무엇이 있을까.

제6장

프라이드 제로, 자기 긍정 100퍼센트의 삶

진정한 기쁨이 넘치는 궁극의 인생으로

진정한 기쁨이
넘치는 인생으로

이번 장에서는 매우 중요한 이야기를 하고자 합니다. 단순히 행복해지거나 고민에서 탈피하는 수준이 아니라 마음 깊은 곳에서 기쁨이 솟구쳐 흐르는 인생에 대한 이야기입니다. 인격이 올라가고 세상 만물을 진정한 의미로 긍정하는 인생에 대한 이야기입니다.

있어도 좋고 없어도 좋다.

나여도 좋고 당신이어도 좋다.

살아있는 것도 좋고 살아있지 않은 것도 좋다.

살아도 좋고 죽어도 좋다. 다르지 않다.

슬퍼도 좋고 슬프지 않아도 좋다.

기뻐도 좋고 기쁘지 않아도 좋다.

깊이 가라앉아 있어도 좋고 가라앉지 않아도 좋다.

구름도 좋고 하늘도 좋고 물도 좋다.

흘러가는 것도 좋고 멈춰 있어도 좋다.

모든 것이 있는 그대로 좋다.

모든 것은 생명이 흘러가는 과정, 생명의 흐름이다.

인생을, 세상 만물을 있는 그대로 사랑합니다. 모두 똑같은 생명의 흐름으로 사랑합니다. 있는 그대로를 긍정합니다. 매 순간 진심으로 살아가는 즐거움을 맛봅니다. 인간으로서 성장해 갑니다. 그런 존재 방식이 있습니다.

저의 전문 분야는 인본주의 심리학과 트랜스퍼스널 심리학입니다. 특히 트랜스퍼스널 심리학에서는 존재 자체의 긍정을 목표로 삼습니다. 바로 '프라이드 제로, 자기 긍정 100퍼센트'라는 삶의 방식입니다.

프라이드 제로,
자기 긍정 100퍼센트로 살아가기

　프라이드, 즉 자존심은 우리 인생을 참 살기 힘들게 만듭니다. 자유롭게 살아가고 성장해 가는 것을 방해하는 원흉입니다. 인격이 형성되는 과정에는 어느 정도 프라이드가 필요합니다. 프라이드가 원동력이 되는 사람도 있습니다. 다만, 일정 수준을 넘어서면 프라이드는 그저 방해물일 뿐입니다. 프라이드가 자기 성장을 가로막고 있는 경우는 무척이나 많습니다. 높은 차원에서 살아가는 데, 진정한 행복을 목표로 삼는 데, 수준 높은 인격과

진리를 얻는 데 프라이드는 거대한 방해물입니다.

저와 가깝게 지내는 심리치료사 후지미 유키오 씨가 제게 이런 말을 한 적이 있습니다.

"모로토미 선생님은 제가 아는 대학 교수 중 가장 프라이드가 낮아요."

어떤 의미로 말했는지는 몰라도 제게는 최고의 칭찬이었습니다. 저는 프라이드가 거의 없습니다. 프라이드 제로에 가깝습니다. 그런 건 필요 없다고 생각합니다. 반면에 자기 긍정감은 100퍼센트입니다. 자기 전부를 긍정합니다. 자신을 좋아하고 싫어하는 수준이 아니라 그냥 있는 그대로를 긍정한다는 의미입니다. 제가 추구하는 삶의 방식입니다. '프라이드와 자기 긍정은 꽤 겹치는 개념이 아닌가? 자아존중감self-esteem은 자기 긍정감의 일부가 아닌가? 그런데 프라이드는 없고 자기 긍정 100퍼센트라니 무슨 말이지?'라고 의아해할지도 모릅니다.

물론 심리학적으로는 그렇습니다. 그런데 진정한 자기 긍정은 프라이드가 충족된 상태와는 매우 다릅니다. 프라이드는 다른 사람에게 인정받아야 비로소 성립되는 것입니다. 한편, 진정한 자기 긍정은 타인의 인정 같은 조건에 좌우되지 않습니다. 있는 그대로의 자기 자신을 그냥 그대로 둡니다. 아무것에도 좌우되지 않고 아무 조건이 없는 부동의 존재 방식입니다.

인정받고 싶다는 생각은 타인 중심의 인생을 살아가는 첫걸음입니다. 프라이드를 유지하기 위한 인생은 필요치 않습니다. 부모를 위해, 교사를 위해, 세상을 위해 살아가는 인생은 필요치 않습니다. 그런 일에 자신을 소모할 필요는 전혀 없습니다. 사회를 위한 인생, 대학을 위한 인생, 그런 건 필요 없습니다. 프라이드를 지키는 데 연연한 인생, 이것도 필요 없습니다.

타인의 인정을 왜 받아야 할까요? 자신이 살고 싶은 인생을 살기 위해 하나의 수단으로 인정이 필요한 것뿐입니다. 목적과 수단을 헷갈려서는 안 됩니다. 살고 싶은 대로 살면 됩니다. 그걸로 충분합니다. 가장 행복하게 사는 방법입니다. 타인의 인정 따위 없어도 당신이 원하는 대로 살면서 행복하다면 그걸로 충분합니다. 우리는 행복을 위해 살기 때문입니다.

얕은 자기 긍정에서
깊은 자기 긍정으로

자기 긍정은 크게 세 종류로 나뉩니다. ① 얕은 자기 긍정, ② 중간 수준의 자기 긍정, ③ 깊은 자기 긍정입니다.

① 얕은 자기 긍정은 자기 자신에게 좋은 말을 합니다. 자신을 긍정합니다. 직접적인 자기 긍정입니다. '내게는 장점이 잔뜩 있다', '나는 훌륭한 인간이다', '나는 매력적이다'라는 식으로 생각할 수 있습니다. 이런 식의 얕은 자기 긍정은 쉽게 길러집니다.

여러 자기계발서에 쓰여 있듯이 거울을 보면서 하루 5분간 '당신은 멋있다. 당신은 할 수 있다. 당신은 용기가 있다'라고 말해 봅니다. 또는 자신의 장점을 찾아서 종이에 적어 봅니다. 이런 훈련은 얕은 자기 긍정감을 기르는 데 효과가 있습니다. 그런데 그렇게 만들어진 자기 긍정감은 자신의 결점을 알아채는 순간 맥없이 부서집니다.

'단점이 있잖아.'
'단점이 더 많잖아.'
'아니, 단점만 있잖아.'

이런 생각의 흐름 속에 얕은 자기 긍정은 순식간에 사라져 버립니다.

② 중간 수준의 자기 긍정입니다. 관점을 바꾸는 것, 즉 '리프레이밍reframing'입니다.

'나는 이런 점이 문제다.'

'나는 늘 우유부단해서 문제다.'

'나는 갖고 싶은 옷이 있어도 우물쭈물하면서 결정을 못 내리고 그러다 정작 사려고 할 때는 어김없이 품절되어 살 수가 없다.'

'우유부단한 나를 대체 어떻게 해야 할까.'

이런 결점도 관점을 바꾸면 장점이 된다는 것이 리프레이밍입니다. 우유부단을 리프레이밍하면 신중함이 됩니다. 이런 식으로 부정적인 생각을 긍정적으로 바꿀 수 있는 것이 중간 수준의 자기 긍정입니다.

③ 마지막으로 깊은 자기 긍정입니다. 자기 수용, 있는 그대로를 받아들이는 자기 긍정입니다. 거울을 보며 '훌륭하다'고 말하거나 리프레이밍하는 것은 머리로 하는 인지적 작업입니다. 한편, 깊은 자기 긍정은 단순한 인지적 작업이 아닙니다. 자기 자신에 대한 자세를 근본부터 바꿔야만 가능한 일입니다.

깊은 자기 긍정의 핵심은 자기 수용입니다. '나는 내가 싫다', '나에게는 좋은 점이 별로 없다'라는 부정적인 생각도 그저 그대로 둡니다. 수용 전념 치료acceptance and commitment therapy, ACT라는 심리치료법도 있습니다. '수용하기'는 그저 있는 그대로 받아들이는 것, 자신을 바꾸려고 하지 않는 것을 말합니다.

이를테면 '나 자신이 싫다', '나의 단점만 찾게 된다'라는 생각도 그저 그대로 둡니다. 바꾸려고 하지 않습니다. 자기 수용은 진정한 의미의 자기 긍정과 연결됩니다. 한 단계 나아가면 인생의 모든 것, 세상의 모든 것을 있는 그대로 긍정하고 사랑할 줄 아는 자세가 깊어져 갑니다.

깊은 자기 긍정으로의 심화

자신을 깊이 긍정하는 사람은 타인의 인정을 바라지 않습니다. 타인의 인정 따위에 개의치 않습니다. 남들의 평가에 자신의 가치가 좌우되지 않는다는 것을 잘 압니다.

'인터넷에서 비판받아도 상관없어.'

'이상한 놈이라고 손가락질받아도 상관없어.'

'남들이 나를 이상한 사람이라고 생각해도 상관없어.'

'마음껏 미워해. 그러든 말든 난 전혀 개의치 않아.'

'타인에게 인정받지 못해도 괜찮다'라고 생각하지 못하면 진정한 인생이 시작되지 않습니다. 진정한 인생은 인정 욕구를 내려놓아야 시작됩니다. 저는 그렇게 생각합니다.

깊은 자기 긍정의 궁극적 형태는 어떤 것일까요. 참된 자기 긍정, 궁극의 자기 긍정, 깊고 깊은 자기 긍정은 대체 무엇일까요. 자신의 존재 그 자체, 타자의 존재 그 자체, 그리고 이 대우주와 대자연의 존재 그 자체를 있는 그대로 사랑하는 것, 그런 존재 방식을 말합니다. '자기 자신을 넘어 이 인생, 이 세상 모든 것을 있는 그대로 긍정하고 사랑하는 것.' 이런 삶의 자세가 참된 자기 긍정입니다.

서로를
이해하지 못하므로

우리는 모두 다릅니다. 느끼는 방식도 생각하는 방식도 다릅니다. 서로를 이해하기 힘들다면 그냥 스쳐 지나가세요. 시간과 에너지를 낭비하지 마세요. 물론 비난할 필요도 없습니다. 시간과 에너지를 낭비하지 마세요. 자신의 길을 가면 됩니다. 타인의 시선에 연연하는 인생은 그만둡시다. 시간과 에너지를 낭비하지 마세요. 인정받기 위한 인생, 프라이드를 유지하기 위한 인생도 이제 필요 없습니다. 시간과 에너지를 낭비하지 마세요.

'내 생각만 하면서 사는 건 너무 이기적이지 않은가'라고 생각하나요? 전혀 아닙니다. 우선 나 자신이 행복해지는 것, 이것이야말로 모두를 행복하게 만드는 첫걸음입니다. 우선 나의 수준을 올리는 것, 이것이야말로 인류와 사회의 수준을 높이는 지름길입니다.

우리는 착각할 때가 많습니다. 이를테면 대학원 면접에서도 그렇습니다. 열심히 인정받기 위해서 매뉴얼대로 대답하려고 하면 금세 티가 납니다. 뻔히 드러납니다. 오히려 평가가 낮아집니다. 인정받으려고 나 자신을 지우면서 정해진 대답을 하려는 연기는 통하지 않습니다. 곧바로 간파당하고 맙니다. 그렇다면 어떤 사람이 높은 평가를 받을까요? '이 사람은 자신이 있구나' 느껴지는 사람입니다. 부디 자신감 있는 사람이 되세요. 어느 회사든 어느 학교든 뻔한 인생을 표류하는 사람을 원하지 않습니다.

고차원의 동기를 가진 사람과
저차원 동기를 가진 사람의 마음 중력

매슬로는 인간을 '하위 동기를 가진 인간과 상위 동기를 가진 인간으로 구분했습니다. 낮은 차원의 동기로 움직이는 사람은 늘 결핍된 상태로 무언가에 쫓기듯 살아갑니다. 늘 뚫려 있는 마음 구멍을 메우듯이 살아갑니다. 그에 비해 고차원적 동기로 살아가는 사람은 결핍된 것이 없으니 어떤 것에도 쫓기지 않습니다.

낮은 차원에 있으면 아래쪽으로 잡아당기는 중력을 받으며 살아가게 됩니다. 한편, 고차원에 있으면 보이지 않는 힘에 위쪽으로 끌어올려지듯이 살아갑니다. 자신을 초월한 위대한 것, 더 높은 존재의 부름에 이끌리고 그에 응답하면서 위로 점점 올라갑니다. 사명과 천명에 임하면서 저절로 더 높은 곳으로 올라갑니다. 다른 사람이 자신을 어떻게 보는지 주변 사람의 시선 따위에는 개의치 않습니다. 그런 차원을 벗어난 삶입니다.

순간순간이 충만합니다. 매 순간이 설레고 끊임없이 성장합니다. 자신은 사라지고 자신을 초월하는 위대한 것과의 일체감으로 살아갑니다. 자신을 초월한 위대하고 초월적인 존재와의 연결 속에 스며들어 살아갑니다. 이런 존재 방식으로 살아가는 사람을 연구하기 위해 매슬로는 만년에 트랜스퍼스널 심리학이라는 분야를 개척했습니다. 주요 대상은 사명과 천명을 완수하고 위대한 존재와 대화하는 것을 삶의 중심으로 삼는, 고차원 동기로 움직이는 사람들이었습니다.

인생의 좁은 길에서
내려오다

'나는 이래야만 한다'라고 단정 짓고 좁디좁은 길에서 떨어지지 않으려 애쓰는 사람, 절대 떨어지면 안 된다고 믿으며 좁은 길로 자신을 몰아넣는 사람이 있습니다. 이른바 완벽주의자입니다.

이런 사람은 줄곧 '이 길에서 벗어나면 살아갈 수 없다'고 믿으며 살아왔습니다. 실제로는 어떨까요? 그 좁은 길을 벗어나면 어떻게 될까요? '내가 지금껏 에너지와 시간을 쓸데없이 소모했구나. 막상 그 좁은 길에서 내려와도 아무 문제도 일어나지 않네. 내려오면 큰일이 생기는 줄 알았는데 뭐야, 괜찮잖아.' 내려와 보고 나서야 비로소 그 사실을 깨닫습니다.

내 인생은 반드시 이래야 한다고 단정 짓지 마세요. 저도 예전에는 참 좁은 길을 걸었습니다. 우등생으로 평가받아야 하고 도쿄대에 가야만 한다고 생각하면서 남들 눈에 비친 나를 우선하고 불안해하며 살았습니다. 다른 사람보다 뛰어나다며 우월감을 느꼈습니다. 그러다 문득 깨달았습니다. '허울뿐인 인생, 알맹이 없이 텅텅 비어 있는, 누구의 것인지 모를 세상의 잣대로 만든 인생을 그저 표류하고 있구나' 하고요.

죽을 만큼 고민했습니다. 말 그대로 죽을 뻔한 순간도 있었습니다. 그냥 죽어도 좋다고 될 대로 되라고 모든 것을 내던진 채로 죽은 것처럼 살았습니다. 그만큼 엉망진창인 상태가 되었을 때 비로소 좁디좁은 길에서 내려올 수 있었습니다. 그리고 제 삶은 변화했습니다.

누군가가 만들어 놓은 좁은 길만 걷는 건 재미가 없습니다. 흥미로운 일이라고는 없습니다. '이런 삶이어야 한다'고 단정 지은 좁은 길을 걷는 한 인생은 빈곤할 수밖에 없습니다. 빈곤한 세계 안에 갇혀 버립니다. 좁은 길에서 내려오면 인생이 다채로워집니다. 복잡하게 얽히고설켜서 즐거웠다가 흥미진진했다가 위험했다가 야릇해지기도 하는, 다채롭고 풍요로운 세계가 펼쳐집니다. 어서 지금의 좁은 길에서 내려오세요. 정말 재밌어집니다.

이제껏 좁은 길이 유일한 길이라고 믿어 왔는지도 모릅니다. 어떤 대학에 가고 어떤 회사에서 근무하는지, 그런 건 개의치 마세요. 사소한 차이일 뿐입니다. 자신의 '이상理想'에서 내려오기는 좀처럼 쉽지 않습니다. 그러나 위에는 더 위가 있고 아래에는 더 아래가 있습니다. 세상의 잣대로만 삶을 재단하지 마세요. 나는 이래야만 한다고 단정 짓지 마세요. 당신만의 스타일로 당신만의 인생을 만들어 보세요. 훨씬 풍요롭고 즐거운 세계를 만나 보세요. 당신의 인생을 최고로 멋지게 만들어 보세요.

철저한 자기 수행이
인간을 만든다

이 책의 핵심 메시지 중 하나입니다. '평범하게 흘러가는 대로 살아가서는 안 된다. 지금까지의 방식을 일단 멈추고 철저하게 자신을 수행할 필요가 있다'라는 것입니다. 아무 노력도 하지 않으면 우리는 누구나 허울뿐인 인생을 표류합니다. 인정 욕구에 사로잡혀 타인의 시선에 연연하고 남의 눈에 비친 나로 살아가는 수밖에 없습니다. 인정 욕구는 선천적이고 매우 자연스러운 욕구입니다. 그런데 문제는 욕구의 비대화입니다. 늘 타인의 시선에 신경 쓰고 불안해하면서 살아갑니다. 타인과 자신을 끊임없이 비교하고 우열을 나누려 합니다. 그런 행위로 얻는 행복은 어디까지나 상대적 개념입니다. 이로써는 절대 긍정, 절대 행복에 이르지 못합니다.

타인의 인정이 삶의 기준이 되므로 자기 나름대로 열심히 노력해도 알맹이가 채워지지 않습니다. 아무리 애써도 얄팍한 인생에서 벗어나지 못합니다. 이 사실에 저는 고민에 고민을 거듭했습니다. 7년이나 이 고민에서 벗어나지 못했습니다. 살아갈 가치를 찾지 못하고 죽음의 문턱까지 내몰렸습니다. 그 끝에 저는 다음과 같은 진실을 알게 되었습니다.

① 인간은 인생이 흘러가는 대로 그냥 살아서는 안 됩니다. 그래서는 동물과 다를 바가 없습니다. 인간이 인간답게 살기 위해서는 일단 자연적 흐름에서 완전히 벗어나 철저한 자기 수행에 임해야 합니다. 자기 성장을 위한 수행 없이는 인간답게 살아갈 수 없습니다.

② 스스로 판단하고 선택한 방식으로 살아가지 않으면 인간다운 삶이라 할 수 없습니다. 주어진 인생을 표류하는 삶은 인간다운 삶이 아닙니다. 인간답게 살아가려면 보편타당한 법칙을 발견하고 이에 따라 자신을 변화시켜야 합니다.

③ 이념이나 사상을 그저 머릿속으로 생각하는 것이 아니라 칸트가 '마음의 혁명'이라고 부른, '마음의 질서를 180도 바꾼다'라는 결연한 의지로 수행해야 합니다. '그것을 위해서라면 설령 자신의 존재 자체가 사라져도 개의치 않는다!'라는 확고한 의지가 필요합니다. 마음의 질서를 완전히 뒤집어야 합니다. 보편타당한 법칙이 생활 전체를 관철하도록 자신을 바꿔 나갑니다. 그렇지 않고는 인간답게 살아갈 수 없습니다.

④ 인간은 자연히 흘러가는 삶을 멈추고 의식적으로 이를 거슬러 자신을 성장시키는 과정을 거쳐야 합니다. 자신을 바꾸지 않고서는 인간다운 삶을 살지 못합니다.

⑤ 이런 자기 성장 방법을 간략하게 소개한 것이 9단계 프로그램입니다. 인정 욕구에 휘둘리고 타인의 눈에 비친 자기 모습을 걱정하기만 한다면 자신의 삶에 전력을 다하지 못합니다. 스스로 선택한 삶을 향해 나아가려면 타인의 시선에서 벗어나 어떤 것에도 흔들리지 않는 굳건한 마음이 필요합니다.

9단계 자기 성장 프로그램으로 강철 같은 마음을 얻고 자아를 탐색해 나가는 과정의 정점에 이르면 '이 인생, 이 세상 모든 것을 있는 그대로 긍정하는 경지'에 도달하게 됩니다. 절대 긍정의 경지, 절대 행복의 경지에 이릅니다. 아름다운 것과 추한 것, 사는 것과 죽는 것 모든 것들을 그저 있는 그대로 사랑하는 절대 긍정의 경지에서 살아가게 됩니다.

생과 사를 초월한 긍정 – 생과 사 그 자체의 긍정

모든 것을 있는 그대로 긍정하는 절대 긍정의 경지는 자신과 타인이라는 통상의 경계를 초월합니다. 그곳에는 경계선이 없습니다. 자신과 타인을 구별할 수 없습니다. 삶과 죽음도 구별할 수 없습니다. 원래 삶이란 찰나입니다. 죽음의 특수형태로서의 찰나, 그것이 삶입니다. 살아 있는 시간, 수십 년 따위는 보잘것없이 짧은 시간입니다. 죽음이라는 어둠 안에 비치는 순간의 섬광, 이것이 생입니다. 기본 상태는 죽음입니다.

우리는 본래 죽음 속에 있습니다. 태어났다는 생각은 착각입니다. 태어나지 않았기에 죽지도 않습니다. 태어나지 않고 사라지지도 않습니다. 불교에서는 '불생불멸不生不滅', 생겨나지도 않고 없어지지도 않는다고 표현합니다. 바꿔 말하면 우리는 본래 생과 사, 유와 무를 초월해 있습니다. 그 존재는 태어나기 전부터 있었고 지금도 있으며 죽은 후에도 계속 있습니다.

존재

하이데거 방식으로 말하면 존재sein, 그 자체의 긍정입니다. '살아 있다', '죽어 있다'라는 경계를 초월한 존재 그 자체는 생과 사, 유와 무라는 경계를 초월해 있습니다. 한편, 현실적이고 구체적으로 존재하는 것을 하이데거는 존재자seienden라고 합니다. 존재라는 것은 존재자를 의미하지 않습니다. 존재는 유와 무, 생과 사를 초월한 존재 그 자체를 말합니다.

'살아있다-죽어있다, 보인다-보이지 않는다, 보이는 것-보이지 않는 것, 있는 것-없는 것, 이 세상-저세상' 이러한 경계를 초월한 것입니다. '생과 사', '나와 너', '유와 무', 이런 차이를 초월한 무경계의 존재 그 자체를 긍정하는 감각입니다.

타오의 긍정

생과 사, 그 모든 것을 둘러싸는 과정 그 자체는 중국의 도가 사상에서 말하는 '도(道, tao)', 만물의 자연적 흐름과도 일맥상통합니다. 태어나기도 하고 죽기도 합니다. 어쩌면 태어나지 않았는지도, 죽지 않았는지도 모릅니다. 그런 자연의 흐름 그 자체를 긍정합니다. 이것이 절대 긍정입니다. 살아 있어도 그 자체를 긍정하고 죽은 후에도 그 자체를 긍정합니다. 이러한 생의 흐름 자체를 있는 그대로 받아들입니다. 자연의 흐름 자체를 받아들이고 사랑합니다. 이것이 진정한 절대 긍정입니다. 모든 일이 대수롭지 않아집니다. 자기 자신을 진심으로 긍정할 수 있습니다. 죽음조차 긍정할 수 있습니다. '나와 다른 것, 이질적인 것, 용서할 수 없는 것, 나를 버린 사람, 나를 미워하는 사람, 나를 무시하는 사람' 모든 것을 긍정하게 됩니다. 모든 것을 자애로이 감싸 안게 됩니다. 이것이 절대 긍정의 경지입니다.

고차원적 동기로 살아가면 이런 감각이 생깁니다. 부디 이런 차원에서 살아가기를 바랍니다. 자존심, 타인의 인정과 평가 따위 개의치 않는 고차원적 삶의 감각이 조금이라도 전해지기를 바랍니다.

인생을
다채롭게 만드는 방법

당신의 세상을 더 풍요롭고 다채롭게 만들어 보세요.

다양성의 문을 열어 두세요.

아름다워도 좋다. 추해도 좋다.

젊어도 좋다. 늙어도 좋다.

훌륭해도 좋다. 훌륭하지 않아도 좋다.

꽃도 좋다. 풀도 좋다. 새도 좋다.

바퀴벌레도, 음식물 쓰레기도 좋다.

살아 있어도 좋다. 죽어 있어도 좋다.

살아 있든 죽어 있든 다르지 않다.

모든 것은 궁극적 존재의 발현일 뿐이다.

모든 것은 '그저 그대로', '있는 그대로'

세상의 다양성을 있는 그대로 받아들인다.

모든 것은 그저 그대로 충분하다.

있는 그대로를 오롯이 받아들인다.

세상을 있는 그대로 자애롭게 끌어안는다.

이것이 바로 궁극의 자기 긍정이며 100퍼센트의

자기 긍정이다.

이런 마음가짐은 당신을 무적으로 만듭니다. 가장 강한 사람으로 만듭니다. 어떤 일에도 개의치 않고 모든 것을 생명의 한 과정으로 그저 있는 그대로 끌어안게 됩니다. 조건 없는 절대 긍정, 절대 행복을 얻을 수 있습니다. 부디 참되고 풍요로운 인생을 꾸려 가기를 바랍니다.

타인의 시선에
얽매여 있던 당신에게

인정 욕구를 내려놓는 순간 인생이 달라집니다.

남의 눈을 의식하거나 주변의 눈치를 보느라 지치는 일이 없어집니다.

'남들이 어떻게 생각하든 상관없다.'

'세상 사람에게 인정받지 못해도 상관없다.'

'주변 분위기 같은 건 신경 쓸 필요 없다.'

진심으로 이렇게 생각할 수 있다면 더는 두려울 것이 없습니다. 마음에 평안과 여유가 생깁니다. 지금까지와는 완전히 다른 인생이 펼쳐집니다. 일상이 느긋하고 여유로워집니다. 여태껏 비좁은 세계에서 다른 사람이 만든 인생을 살아왔음을 깨닫습니다.

　다른 사람이 어떻게 생각하든 상관없어집니다. 인정받지 못해도, 좋은 평가를 받지 못해도, SNS에서 '좋아요'를 받지 못해도 괜찮습니다. 그런 것이 자신의 본질과는 전혀 상관없다는 사실을 알게 됩니다. 그런 것과는 관계없는 무조건의 절대적 가치가 자신에게 있음을 알게 됩니다. 이처럼 흔들리지 않는 확고한 신념은 인생의 행복을 보장해 줍니다.

　그런데 지금 인정 욕구는 당신의 진정한 행복을 방해하고 당신의 마음을 옭아매고 있습니다. 인정 욕구에 사로잡혀 있는 한, 거짓 인생에서 벗어나지 못합니다. 타인의 눈에 비친 나에서 벗어나지 못합니다. 누구의 것인지 모를 뻔한 인생을 표류할 뿐입니다.

　① 타인과 자신을 끊임없이 비교하면서 불안해합니다.

일시적으로는 이겼다, 성공했다는 기쁨을 느낄지 몰라도 타인의 시선과 평가에 대한 불안함을 한시도 내려놓지 못합니다.

② 운 좋게 성공과 명예를 얻어 일시적 행복을 맛보기도 합니다. 그때도 타인의 눈에 비친 나로서 살아가는 삶의 방식에는 변화가 없습니다.

주변의 외면을 받으면 자신의 빛을 잃어버립니다. 스스로 가치 없는 사람이라 생각합니다. 타인의 평가로만 자신의 가치를 판단하는 공허한 인생입니다. 텅 빈 인생입니다. 이런 사실에서 눈을 돌리지 마세요.

인정 욕구를 내려놓으면 완전히 다른 인생이 펼쳐집니다. 어떤 것에도 휘둘리지 않고 방해받지 않는 절대적 안정감이 있습니다. 일상이 평온해집니다. 인생이 풍요로워집니다. 하찮은 자존심에 얽매이지 않습니다. 자기 자신을 온전히 긍정하고 세상을 있는 그대로 받아들이는 인생이 당신 곁으로 찾아옵니다.

인정 욕구 버리기

1판 1쇄 발행 2023년 7월 28일
1판 2쇄 발행 2023년 10월 13일

지은이 모로토미 요시히코
옮긴이 최화연

발행인 양원석
책임편집 황서영 **디자인** 김유진, 김미선
영업마케팅 양정길, 윤송, 김지현, 정다은, 백승원, 김예인
해외저작권 임이안, 이시자키 요시코

펴낸 곳 ㈜알에이치코리아
주소 서울시 금천구 가산디지털2로 53, 20층 (가산동, 한라시그마밸리)
편집문의 02-6443-8860   **도서문의** 02-6443-8800
홈페이지 http://rhk.co.kr
등록 2004년 1월 15일 제2-3726호

ISBN 978-89-255-7622-0 (03190)